# 地方官员晋升激励与公司治理

陈舒曼 著

中国财经出版传媒集团
中国财政经济出版社

## 图书在版编目（CIP）数据

地方官员晋升激励与公司治理／陈舒曼著．－－北京：中国财政经济出版社，2021.5

ISBN 978－7－5223－0441－0

Ⅰ.①地… Ⅱ.①陈… Ⅲ.①地方政府－行政管理－影响－企业管理－研究－中国－2004－2011 Ⅳ.①F272

中国版本图书馆 CIP 数据核字（2021）第 053864 号

责任编辑：段　钢　　　　责任印制：史大鹏
封面设计：卜建辰　　　　责任校对：胡永立

中国财政经济出版社 出版

URL：http：//www.cfeph.cn
E－mail：cfeph@cfeph.cn

（版权所有　翻印必究）

社址：北京市海淀区阜成路甲 28 号　邮政编码：100142
营销中心电话：010－88191522
天猫网店：中国财政经济出版社旗舰店
网址：https：//zgczjjcbs.tmall.com
北京财经印刷厂印刷　　各地新华书店经销
成品尺寸：170mm×240mm　16 开　9.25 印张　116 000 字
2021 年 5 月第 1 版　　2021 年 5 月北京第 1 次印刷
定价：68.00 元
ISBN 978－7－5223－0441－0
（图书出现印装问题，本社负责调换，电话：010－88190548）
本社质量投诉电话：010－88190744
打击盗版举报热线：010－88191661　QQ：2242791300

# 目　　录

**第1章　引论** …………………………………………………… 1

　1.1　研究背景 ………………………………………………… 2
　1.2　研究意义 ………………………………………………… 4
　1.3　研究框架 ………………………………………………… 6

**第2章　文献综述** ……………………………………………… 9

　2.1　引言 ……………………………………………………… 10
　2.2　官员锦标赛 ……………………………………………… 13
　2.3　地方官员与经济增长 …………………………………… 17
　2.4　地方官员与企业 ………………………………………… 20
　2.5　文献评述 ………………………………………………… 25

**第3章　地方官员晋升激励与企业贷款** …………………… 27

　3.1　引言 ……………………………………………………… 28
　3.2　理论分析与假设 ………………………………………… 31
　3.3　研究设计与样本选择 …………………………………… 37
　3.4　实证结果 ………………………………………………… 41
　3.5　进一步讨论 ……………………………………………… 50

3.6 稳健性检验 …… 54
   3.7 结论 …… 58

第4章 地方官员晋升激励与会计稳健性 …… 61
   4.1 引言 …… 62
   4.2 理论分析与假设 …… 65
   4.3 研究设计与样本选择 …… 71
   4.4 实证结果 …… 77
   4.5 稳健性检验 …… 82
   4.6 结论 …… 86

第5章 地方官员晋升激励与高管更换 …… 87
   5.1 引言 …… 88
   5.2 理论分析与假设 …… 92
   5.3 研究设计与样本选择 …… 97
   5.4 实证结果 …… 100
   5.5 稳健性检验 …… 106
   5.6 结论 …… 110

第6章 结论 …… 113
   6.1 研究结论 …… 114
   6.2 研究贡献 …… 116
   6.3 研究局限 …… 117

参考文献 …… 118

地方官员晋升激励
与公司治理
Chapter 1

# 第 1 章　引　　论

## 1.1 研究背景

自 20 世纪 70 年代实行改革开放以来，中国经济持续 40 多年以平均 10% 的速度快速增长，这样长时间的高速增长世所罕见，引起了国内外的广泛关注，并被称其为"中国奇迹"。许多学者开始探寻"中国奇迹"背后的作用机制。他们首先将目光投向了制度因素，然而无论是以 North 为代表的新制度经济学派，还是经济增长理论都无法对"中国奇迹"给出合理的解释。近年来，La Porta[1] 等（1998）有关法与金融的研究指出，促进经济增长条件包括完善的市场机制、健全的法律体系、受到合理约束的政府机制等，也与中国的现实相去甚远。于是，许多学者开始将目光转向了中国的政治体制，他们认为正是独特的政治体制有力地激励了中国的经济增长。

政治对经济的影响一直是一个受到关注的话题，大量学者就政治因素对经济的影响进行了研究，并取得了大量成果。Jones 等（2005）[2] 使用地区领导人突然死亡的事件作为研究契机，发现地区领导人的更换对区域内经济政策的选择和经济增长速度具有显著影响，而这一影响在非民主地区中更为显著。Pastor 和 Veronesi（2012）[3] 发现政策变动会导致市场风险上升，波动加剧，以及价格下跌。Dinc（2005）[4] 发现在选举年，相比于私有银行，政府控股的银行会大幅

---

[1] La Porta, R., Lopez‐de‐Silanes, F., Shleifer, A.. Law and finance [J]. Journal of Political Economy, 1998, Vol. 106 (6): 1113－1155.

[2] Jones, Benjamin F., and A. Olken, Benjamin. Do Leaders Matter?: National Leadership and Growth since World War Ⅱ [J]. Quarterly Journal of Economics, 2005, Vol. 120 (3): 835－864.

[3] Pástor, L., Veronesi, P.. Uncertainty about government policy and stock prices [J]. The Journal of Finance, 2012, Vol. 67 (4): 1219－1264.

[4] Dinc, I.. Politicians and banks: Political influences on government‐owned banks in emerging markets [J]. Journal of Financial Economics, 2005, Vol. 77 (2): 453－479.

度增加贷款，以期实现政治上的企图。Boutchkova 等（2012）[①] 发现在选举年，企业投资与股价之间的敏感度下降了40%，而选举结果的不确定和腐败会进一步增加企业投资与股价之间的敏感度下降的幅度。Julio 和 Yook（2012）[②] 证明选举带来的政治不确定性的上升，会导致企业投资水平的下降，而且选举的结果越不明显，政治不确定性程度越高，企业投资降低的幅度越大。这些文献都佐证了政府换届对经济的影响。同时，这些研究也都证明了政府换届对公司可能带来的影响，但主要都集中在经济周期和企业的经营周期方面。这样的研究角度是由国外较为健全的市场机制决定的。在市场机制作用下，政治因素将以政治不确定性的形式影响市场参与者对市场风险的判断，进而影响企业决策和经济走势。而我国独特的政治、市场环境却决定了政治因素对市场的不同影响机制。

与众多国家不同的是，我国的政治制度具有特殊性。首先，我国实行的是财政分权的制度。地方政府是发展经济和稳定秩序的主要执行者，并且地方政府掌握着地方国企的经济管理权以及区域内行政审批、土地征用、贷款担保、政策优惠等重要资源（周黎安，2008）。这使得我国政府在经济社会中具有重大的影响力，能对企业决策进行直接干涉。其次，我国实行的是行政集权的制度。虽然我国各地也存在官员更替形式的政治权力转移，但与普选制国家不同，我国上级政府对下级官员的人事任命具有绝对的权威。这些使我国的官员更替对经济的影响从动机上就与国外有所区别。所以研究我国地方官员的行为对经济的影响更是具有深刻的意义。

同时，国外研究大多将政府视为一个整体，单纯地考察了地区选

---

[①] Boutchkova, M., Doshi, H., Durnev, A.. Precarious politics and return volatility [J]. The review of financial studies, 2012, Vol. 25 (4): 1111-1154.
[②] Julio, B., and Yook, Y. Political Uncertainty and Corporate Investment Cycles [J]. Journal of Finance, 2012, Vol. 67 (4): 45-83.

举、政策变动等政府行为对经济可能带来的影响，但事实上这一研究视角和真实的政治机制之间还具有一定的偏差。根据周黎安（2008）① 提出的观点，本书认识到政府行为只是一种表面现象，其实质则是官员的行为，而官员的行为受到自身特点和环境因素的影响和制约，所以在研究政府行为时不考虑官员的自身特征和环境因素的影响，将很难真正地揭露政治对企业的影响这个"黑箱"。

基于以上分析，本书从地方官员特征的角度研究政府行为对公司治理的影响，以期为政治与企业之间的互动提供证据。

## 1.2 研究意义

本书的研究意义主要表现在以下几个方面：

第一，以往研究多关注政府换届带来的政治不确定性对经济的影响，关注的是政治不确定性因素对市场风险的影响。这些研究隐含的假设是市场机制运行完善，能及时为投资者提示由政治冲击带来的风险，对投资者的投资策略造成影响。根据他们的分析，当政府发生变动时，政治不确定性水平上升，企业感知到的风险水平上升，企业会推迟投融资等决策以应对风险的冲击。但在我国，市场机制并不完善，市场行为受政府主导，即使政府发生变动，企业行为的变化也不是由于政治风险的上升引起的，而是受到政府官员的动机和偏好影响，当政府官员出于自身偏好需要企业推迟或者提前出台相关决策时，为获得官员的青睐，降低政治成本，企业的行为会按照官员偏好的方向进行。所以研究我国的政治因素对经济的影响，具有特殊的意义。

第二，以往研究政府对经济的影响时，大多将政府视为一个整

---

① 周黎安. 中国地方政府公共服务的差异：一个理论假说及其证据［J］. 新余高专学报，2008（4）：5-6.

体,忽视了官员的个体差异,但政府行为正是由官员行为推动的。本书研究了官员的个体特征对官员动机、企业行为的影响,从新的视角为我国的经济增长寻找解释,并为完善我国官员考核和激励制度提供证据。

第三,以前有关我国官员治理特征的研究,多是将官员治理特征与经济增长直接联系起来,隐含的假设是官员通过对地方经济的发展的巨大影响力和控制力,可以通过自身行为影响地区的经济增长,但少有文献都揭示地方官员影响经济增长的路径和方式,也没有完整地阐述官员行为对企业公司治理机制的影响途径。本书从官员行为对公司治理机制多个方面的影响入手,揭示了官员特征是如何具体对企业产生影响的。

第四,目前有关我国官员对经济影响的研究大多停留在省级层面(林毅夫等,2007[①];王贤彬等,2009[②]),本书则从市级官员的角度提供了官员特征对企业的影响,这是因为与省级官员相比,市级官员对经济进行直接干预的可能更大,影响更直接。因此,本书将采用市级官员的数据,研究官员更换对公司治理的影响,并系统分析官员特征在其中发挥的作用,为完善我国的官员治理模式提供了证据。

本书为我国制度环境下企业如何根据政治影响调整决策提供了直接证据,丰富了法与经济的相关文献,对推动我国企业体制改革具有指导意义。同时,本书还为政府官员与企业之间的作用机制提供了直接证据,丰富了官员治理的相关文献,对完善我国的官员激励制度具有指导意义。

---

① 林毅夫,张军,高远. 官员任期、异地交流与经济增长——来自省级经验的证据[J]. 经济研究,2007(11):91-103.
② 王贤彬,徐现祥,李郁. 地方官员更替与经济增长[J]. 经济学(季刊),2009(4):1301-1328.

## 1.3 研究框架

本书的总体研究框架如图1.1所示。

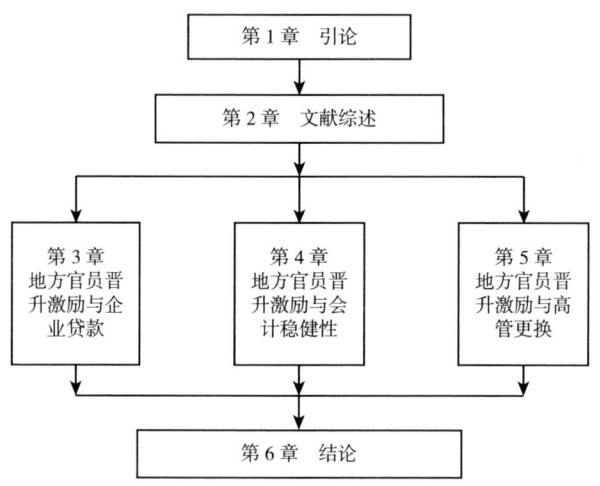

图1.1 本书的研究框架

第1章引论，主要是对本书的研究背景、研究意义、研究结果以及主要创新点进行阐述。

第2章文献综述，主要是对本书的理论基础及相关研究进行介绍，首先对官员锦标赛理论的产生及发展进行回顾，然后介绍有关地方官员与经济增长的研究，最后对目前研究地方官员与企业经营管理效率之间关系的文献进行回顾。

第3章研究官员任期、来源等地方官员特征衡量的晋升激励对地区金融发展、企业融资的影响，结果发现，任期与金融发展增长率之间呈负相关，即随着任期的延长，晋升激励强度下降，官员推进金融发展以促进经济发展的动力减弱，地区金融发展降速；来自外地、晋升空间较大（剩余工作年限为1个任期以上）的官员受到晋升激励的影响较大,推进金融发展、促进经济发展的动力较大。

第4章研究地方官员特征(任期、来源、晋升空间等)对企业会计稳健性的影响,发现任期与企业会计稳健性水平之间正相关,即随着任期的延长,晋升激励强度下降,官员推进金融发展以促进经济发展的动力减弱,市场对企业会计稳健性需求上升,企业会计稳健性水平随之上升;晋升空间和来源也对官员的晋升激励存在影响,来自外地、晋升空间较大(剩余工作年限为1个任期以上)的官员受晋升激励影响较大,其任期对企业会计稳健性水平的影响也更明显。

第5章对官员任期、晋升空间等因素与高管更换业绩敏感性之间的关系进行考察,结果发现,任期与企业高管更换业绩敏感性之间负相关,即随着任期的延长,晋升激励强度下降,官员推进金融发展以促进经济发展的动力减弱,对企业公司治理效率的改善效果减弱,企业高管更换业绩敏感性下降;晋升空间和来源也对官员的晋升激励存在影响,来自外地、晋升空间较大(剩余工作年限为1个任期以上)的官员受晋升激励影响较大,其任期对企业高管更换业绩敏感性的影响也更明显。

第6章结论,对本书进行总结。

地方官员晋升激励
与公司治理
Chapter 2

第 2 章　文献综述

## 2.1 引　言

自20世纪70年代中国开始经济改革到现在的40多年，中国经济维持着年均10%的高速增长，建立起了中国特色社会主义市场经济体制，社会经济面貌有了翻天覆地的改变。因为这样长时间高速度的增长在世界范围内都不多见，所以这一现象被中外研究者称为"中国奇迹"。是什么因素支撑着中国这么长时间的高速经济增长呢？

以North为代表的新制度经济学派认为科技的进步只能为经济发展提供一种可能和刺激，长期的经济繁荣最终还要依靠建立合理的制度体系，只有在合理的制度体系下才能建立正确引导人们行为和社会走向的激励机制。经济增长理论则认为，只有克服了资源约束、技术约束和体制约束，才能实现经济增长。而最近兴起的有关法与金融的研究（La Porta et al., 1998[1]，2000[2]，2002[3]），更是提出一国的司法制度对金融市场和经济的发展有着巨大影响，而政府的结构以及受到的权力约束也同样影响经济增长。然而，不管是强调制度因素的新制度经济学派，还是强调资源禀赋、资本积累等条件的经济增长理论，都无法合理解释中国长时间的高速增长。中国的法律制度完善程度、投资者保护力度以及政府效率等因素也都不属于La Porta等认定的促进经济增长优质因素。这些理论的对比更加显得中国的经济增长是一种奇迹。那么，是什么因素在推动中国经济的持续高速增长呢？William Easterly（2005）指出，实现增长需要提供合适的激励

---

[1] La Porta, R., Lopez-de-Silanes, F., Shleifer, A. Law and finance [J]. Journal of Political Economy, 1998, Vol. 106 (6). 1113–1155.

[2] La Porta, R., Lopez-de-Silanes, F., Shleifer, A. Investor protection and corporate governance [J]. Journal of financial economics, 2000, Vol. 58 (1/2). 3–27.

[3] La Porta, R., Shleifer, A., Vishny, R. Investor protection and corporate valuation [J]. The Journal of Finance, 2002, Vol. 57 (3). 1147–1170.

## 第 2 章 文献综述

机制，人们的行为和社会的走向都是对激励做出的反应。任何对这一激励产生影响的因素都会对经济增长产生影响。那么，中国经济的高速增长的背后一定有与之相对应的激励和提供这些激励的制度安排。于是，大量学者开始探寻中国经济增长背后蕴含着的特殊激励。

改革开放后，中央政府尝试给地方分权：从 20 世纪 70 年代的放权让利到 20 世纪 80 年代的财政包干体制，再到 20 世纪 90 年代的分税制改革，如何合理划分中央和地方的利益关系、调动地方政府的积极性始终是政府体制改革的重点，所以从财政分权的角度探讨中国经济增长的背后因素就成了许多学者研究的重点。这些研究认为正是分权带来的激励使地方政府有了动力去推动经济增长，其中最有影响的是钱颖一和 Weingast 等人在 Musgrave 和 Oates 的古典财政联邦主义理论的基础上发展起来的"中国特色财政联邦主义"理论。钱颖一和 Weingast 等学者认为，正是在中国特色财政联邦机制下，中央政府与各级地方政府对彼此的权利和义务进行了明确划分，地方政府承担了发展本地经济的主要责任，中央政府则负责建立对地方政府进行有效激励的激励机制，实现官员利益与社会福利的激励相容，最终促进经济增长。在这一思想框架下，涌现了大量文献为中国的财政分权制度与经济增长之间的关系提供了证据。林毅夫和刘志强（2000）[1] 以 1970~1993 年的省级数据为研究样本，用省级政府在本身预算收入中的边际分成率来度量财政分权，对中国的财政分权与经济增长之间的关系进行了实证研究。他们发现，在控制了同一时期其他各项改革措施的影响后，财政分权显著提高了省级人均 GDP 的增长率，促进了经济增长。沈坤荣和付文林（2005）[2] 也利用省级面板数据对中国

---

[1] 林毅夫，刘志强. 中国的财政分权与经济增长 [J]. 北京大学学报（哲学社会科学版），2000（4）：5-17.

[2] 沈坤荣，付文林. 中国的财政分权制度与地区经济增长 [J]. 管理世界，2005（1）：31-39.

财政分权制度演化与省级经济增长的关系进行了实证检验，结果发现，财政分权可以促进经济增长。张晏、龚六堂（2005）① 使用1986~2002年的数据对财政分权与经济增长的关系进行了实证检验，发现我国的财政分权效应存在显著的跨时差异和地区差异，分税制改革后各级政府之间政策协调能力的加强是促进财政分权积极作用的重要原因之一。陈诗一和张军（2008）② 利用DEA非参数技术和受限Tobit模型，核算财政分权改革后中国省级地方政府财政支出的相对效率，发现财政分权改革对财政支出效率具有显著的积极影响，实行财政分权改革后我国政府的财政支出效率得到了显著的提高。周业安等（2008）③ 以1986~2004年中国省级面板数据为样本，对财政分权和经济增长之间的关系进行了检验，发现从整个时间跨度来说，财政分权确实促进了中国经济的增长，但在不同时间区域内其影响有所差异：在1994年我国实行分税制改革以前它对经济增长并不存在明显的促进作用，而在1994年我国实行分税制改革以后财政分权才对经济增长表现出了显著的促进作用。虽然这些文献为中国特色财政联邦主义提供了有力的证据，但也有研究对这一理论提出了质疑。

Blanchard和Shleifer（2001）认为，尽管财政分权有利于促进地方政府为社会福利最大化的目标而努力，但是仅靠财政分权制度不足以解释中国的经济增长现象，因为这种分权制度在其他国家，尤其是发展中国家也大量存在，那么为什么只有中国保持了在这种体制下的经济长期高速增长呢？他们提出还要注重政治集权对经济平稳转型的重要性。通过对中国和俄罗斯的改革进行比较，他们发现，实行财政分权改革后，中国的地方政府致力于培育新兴市场主体以振兴地区经济，而俄罗斯的地方政府却更多的是扮演着管制和腐败的角色。他们

---

① 张晏，龚六堂. 分税制改革，财政分权与中国经济增长 [J]. 经济学（季刊），2005（4）：75-108.
② 陈诗一，张军. 中国地方政府财政支出效率研究：1978~2005 [J]. 中国社会科学，2008（4）：65-78.
③ 周业安，章泉. 财政分权，经济增长和波动 [J]. 管理世界，2008（3）：6-15.

认为，这主要是由中俄两国不一样政治集权程度造成的。中国改革开放以来，中央政府一直处于强有力的地位，可以有效地对地方政府官员进行惩罚和奖励，从而避免了地方政府的腐败和权力"寻租"现象。而俄罗斯的中央政府既不能把自己的政治意愿强加给地方政府，也没有制订明确规则的能力，使地方政府官员没能抵制腐败和"寻租"的诱惑。简单地来说，在中国财政分权和行政集权的体制下，中央政府可以通过地方政府之间的竞争来有效激励地方政府，解决中央政府与地方政府之间的代理问题，使各级地方政府能够真正地为促进地区经济增长而努力。之后，周黎安（2007[①]，2008[②]）对中国特色财政联邦主义提出了质疑。他认为，一方面，中国特色财政联邦主义的一些隐含前提与中国现实存在冲突；另一方面，中国特色财政联邦主义忽视了组成政府的官员才是政府行为的实质性主体，忽视了官员激励机制对经济增长的影响。沿着这一思想框架，周黎安（2004[③]，2005，2007[④]，2008[⑤]，2010[⑥]）提出并发展了官员锦标赛理论。

## 2.2　官员锦标赛

　　尽管以钱颖一和Weingast为代表的中国式财政联邦主义理论很

---

[①]　周黎安. 中国地方官员的晋升锦标赛模式研究［J］. 经济研究，2007（7）：36 - 50.

[②]　周黎安. 中国地方政府公共服务的差异：一个理论假说及其证据［J］. 新余高专学报，2008（4）：5 - 6.

[③]　周黎安. 晋升博弈中政府官员的激励与合作——兼论我国地方保护主义和重复建设问题长存在的原因，经济研究，2004（6）：33 - 40.

[④]　周黎安. 中国地方官员的晋升锦标赛模式研究［J］. 经济研究，2007（7）：36 - 50.

[⑤]　周黎安. 中国地方政府公共服务的差异：一个理论假说及其证据［J］. 新余高专学报，2008（4）：5 - 6.

[⑥]　周黎安. 官员晋升锦标赛与竞争冲动［J］. 人民论坛，2010（10）：26 - 27.

好地分析了中国经济持续快速增长的原因,但还是有很多学者对这一理论提出质疑,认为该理论没有很好地分析实行财政分权改革所需要付出的成本,所以不能有效解释中国经济增长的根本原因。

周黎安 (2007)① 对中国式财政联邦主义理论提出了质疑。他认为虽然行政分权与财政分权确实构成了地方政府激励的重要来源,但该理论与中国现实还存在许多方面的出入:首先,该理论强调中央和地方的行政和财政分权需要具有高度的稳定性才能发挥激励效应,而中国并不是真正意义的联邦制国家,中央政府对地方政府下放的权利是随时可以收回的,并不具有稳定性;其次,该理论强调财政分权制度维护市场的功能,但在分权改革近 30 年后,中国市场经济的发展仍然面临许多严峻的障碍,分权维护市场的功能在我国也并不成立。这说明我国的激励模式与该理论提出的一个良好的市场经济所需的政府职能的合理设计之间存在严重冲突,使我国行政集权与财政分权的制度体系无法确保市场维护的合理激励,所以需要另外寻找一种视角探寻我国经济增长背后的根本原因。随后,杨其静和聂辉华 (2008)② 对中国式财政联邦主义理论进行了全面的批判,他们认为该理论简单地套用了新古典经济学的竞争理论和完全合同理论下的经典代理理论及其所蕴含的基本假设,却忽视了政治生活的特殊性和复杂性,导致该理论存在以下缺陷:一是地方政府关于制度供给的微观基础较为薄弱;二是中央政府在整个政府体系中的具体作用缺失;三是忽视了地方政府的能力是分权有效的必要条件;四是该理论强调的硬化预算约束事实上并不能保证有效的辖区竞争;五是对最优政治与经济分权(自由化)的顺序问题完全没有涉及,这就导致该理论在

---

① 周黎安. 中国地方官员的晋升锦标赛模式研究 [J]. 经济研究, 2007 (7): 36 - 50.
② 杨其静, 聂辉华. 保护市场的联邦主义及其批判 [J]. 经济研究, 2008 (3): 99 - 114.

## 第2章 文献综述

解释中国的经济增长方面还存在着较大的局限。

事实上，正如周黎安（2008）①所指出的，财政联邦主义仍然是将政府作为一个"黑箱"来进行考察，却忽视了组成政府的官员才是政府行为的实质性主体。而只有将财政分权制度与我国的官员治理模型性都列入分析框架，才能更好地解释我国经济的增长。因为地方政府决策最终是由组成政府官员所推动的，所以只有深入地了解官员行为和激励，才能更好地理解政府行为。正是基于这样的考虑，一些学者开始将目光转向了作为政府组成部分的地方官员，并从地方官员的激励机制来考察我国经济增长的根本原因。他们认为，处在官场的官员，在关心地区的财政收入以外，更关心自身职业发展，也就是政治晋升的问题。受这一思想影响，后续不断有学者对地方官员的激励机制进行研究，逐渐形成了以周黎安为代表的官员锦标赛理论。该理论强调在我国行政集权和财政分权的制度体系下，受以经济指标为主的考核指标体系影响，地方官员致力于推动地区经济发展，以获得政治晋升。

早在2004年，周黎安②就从政府官员晋升激励的角度研究了政治晋升竞争对政府主导型的区域竞争和合作的影响，在一个全新和系统的解释性框架下对我国区域经济发展、竞争与互动过程进行了分析，并提供了转型经济中国有企业软预算约束政治竞争方面的根源。随后，Li 和 Zhou（2005）③使用1979~1995年省级官员的数据，实证检验了经济绩效与官员晋升的关系，结果发现，省级官员的升迁概率与地区国民经济增长率显著正相关，且相比年度经济增长绩效，官

---

① 周黎安. 中国地方政府公共服务的差异：一个理论假说及其证据 [J]. 新余高专学报，2008（4）：5-6.
② 周黎安. 晋升博弈中政府官员的激励与合作——兼论我国地方保护主义和重复建设问题长存在的原因. 经济研究，2004（6）：33-40.
③ Li, H., Zhou, L. Political turnover and economic performance. the incentive role of personnel control in China [J]. Journal of Public Economics, 2005, Vol. 89（9-10）. 1743-1762.

员任期的平均增长绩效的作用更大。他们认为这是上级利用这种考核升迁机制来诱导和激励地方官员努力提高地方经济增长的结果。周黎安（2005）则明确提出了官员锦标赛概念，他认为以经济增长为基础的晋升锦标赛结合了中国政府体制和经济结构的独特性质，在政府官员手中拥有巨大的行政权力和自由处置权的情况下，提供了一种具有中国特色的激励地方官员推动地方经济发展的治理方式。从国际比较的角度看，如果说地方政府在中国经济增长奇迹中作用巨大的话，那么这种作用的制度基础就是晋升锦标赛模式。周黎安（2007[①]，2008[②]，2010[③]）更是对官员锦标赛机制进行了详细阐述：官员晋升锦标赛是指上级政府对多个下级政府部门的行政长官设计的一种晋升竞赛，竞赛优胜者将获得晋升，而竞赛标准由上级政府决定，它可以是 GDP 增长率，也可以是其他可度量的指标。改革开放以来，晋升锦标赛最实质性的变化是考核标准的变化，地方首长在任期内的经济绩效取代了过去一味强调的"政治挂帅"，这也使得经济绩效成为干部晋升的主要指标之一。而中国天然具备"晋升锦标赛"的各种政治与经济条件：第一，中央或上级政府有权力决定下级政府官员的任命，即具有集中的人事权；第二，各级地方政府之间的业绩具有很强的可比性；第三，地方官员对地方经济的发展具有巨大的影响力和控制力；第四，跨区域地方官员之间的竞争成为一种常态；第五，锦标赛的激励效果是逐层放大的；第六，相对封闭的劳动力市场使得地方官员一旦进入官场就必须努力保住职位并争取一切可能的晋升机会。而正是这些条件的存在使得官员锦标赛成为促使地方官员努力发展地区经济的有效激励机制。

---

① 周黎安. 中国地方官员的晋升锦标赛模式研究 [J]. 经济研究，2007（7）：36 - 50.
② 周黎安. 中国地方政府公共服务的差异：一个理论假说及其证据 [J]. 新余高专学报，2008（4）：5 - 6.
③ 周黎安. 官员晋升锦标赛与竞争冲动 [J]. 人民论坛，2010（10）：26 - 27.

第 2 章 文献综述

## 2.3 地方官员与经济增长

以周黎安为代表的官员锦标赛理论克服了中国式财政联邦主义理论的局限和不足，并从官员治理的角度挖掘了经济发展的影响因素，更好地揭示了中国经济持续高速增长背后的激励机制。在这一理论框架下，大量文献考察了地方官员治理对地区经济增长的影响。

这些研究首先考察了政治激励对官员行为的影响。田伟等（2009）[①] 从理性官员的角度，考察了个人激励对地方官员行为、地区经济发展的影响，他们发现，地区差异使各地方官员控制的资源数量差异巨大，也使官员行为的单位产出差异巨大，直接影响了官员的政绩水平，这导致官员会在个人私利（在职消费、腐败）和社会福利（地区经济发展）之间具有不同的效益函数，并最终导致了官员行为的差异。王贤彬等（2010）[②] 从地方官员之间政治竞争的角度考察了官员对地区经济增长的影响，他们发现，官员的政治激励对地区经济增长产生了显著的推动作用。在相同的政治激励下，职业发展前景差异和地区发展水平差异导致了地方官员经济增长行为的不同，具有更强晋升激励的地方官员更有动力推动地区经济增长；晋升激励相对较弱的地方官员推动经济增长的动力和效果相对较弱。从时间差异上来看，这种政治激励对地区经济增长的影响是从 20 世纪 90 年代延续至今的。王贤彬等（2011）[③] 以对改革开放以来我国 31 省区市的地方官员数据为研究样本，对官员晋升与地区经济增长之间的关系

---

[①] 田伟，田红云. 晋升博弈、地方官员行为与中国区域经济差异 [J]. 南开经济研究, 2009 (1): 133 – 152.

[②] 王贤彬，徐现祥. 地方官员晋升竞争与经济增长 [J]. 经济科学, 2010 (6): 42 – 58.

[③] 王贤彬，张莉，徐现祥. 辖区经济增长绩效与省长省委书记晋升 [J]. 经济社会体制比较, 2011 (1): 110 – 122.

进行了检验，结果发现，在省长和省委书记层面，都存在着以经济增长为核心的相对绩效考核机制。但这种机制的强度在两者之间具有差异，在省长层面显得更加重要，而在省委书记层面则相对较弱。这更进一步证实了官员晋升与地区经济增长之间的关系。皮建才（2012）①用竞赛成功模型对地方官员晋升进行了分析后发现，官员的政治激励随地区重要性的增加而增加，随官员个人私利的增加而减小，并显著被中央政府对经济增长的重视程度影响。

随后，他们又考察了官员的个人特征对晋升激励、地区经济增长的影响。林毅夫等（2007）②利用1978～2004年我国各省（除西藏外）的省委书记和省长的数据，考察了官员任期限制和异地交流制度对地区经济增长的影响，结果发现官员任期和地区经济增长之间呈现倒"U"形的关系，官员异地交流则对经济增长有着显著的推动作用。徐现祥等（2007）基于1978～2005年省级官员交流样本构造了省级官员与省区市相匹配的面板数据，系统地分析省级官员交流对流入省区市经济增长的影响，结果发现，整体而言，省长交流能够使流入地的经济增长速度提高1个百分点左右；这种省长交流效应是通过在流入地采取大力发展第二产业、重视第一产业、忽视第三产业的产业发展取向实现的。王贤彬等（2008）③使用1978～2005年31个省区市的数据，研究了官员的来源、去向和任期对官员行为的影响，他们发现来自中央部委和调任中央的省长省委书记在任期内的经济增长绩效是最不显著的，且只有本省晋升的省长省委书记任期内的经济增长幅度呈现倒"U"形。王贤彬等（2009）④用1979～2006年全国

---

① 皮建才. 中国式分权下的地方官员治理研究 [J]. 经济研究, 2012 (10): 14-26.

② 林毅夫, 张军, 高远. 官员任期, 异地交流与经济增长——来自省级经验的证据 [J]. 经济研究, 2007 (11): 91-103.

③ 王贤彬, 徐现祥. 地方官员来源, 去向, 任与经济增长——来自中国省长省委书记的证据 [J]. 管理世界, 2008 (3): 16-26.

④ 王贤彬, 徐现祥, 李郇. 地方官员更替与经济增长 [J]. 经济学（季刊）, 2009 (4): 1301-1328.

## 第 2 章 文献综述

29个省区市党委书记以及省长（或主席、市长）的任命、调动信息，从地方官员更替的角度考察了官员更替对地方经济增长的影响，结果发现，省长、省委书记更替对辖区经济增长有显著的负面影响；这种影响的程度因地方官员更替频率、更替地方官员的年龄等因素的不同而不同；地方官员更替主要是影响辖区的短期经济增长波动，而不是长期经济增长趋势，即官员更替效应是短期的。张尔升（2010）[①] 使用1992~2007年我国省委书记、省长与其省份经济增长相匹配的面板数据，考察了地方官员的企业背景对区域经济增长的影响。研究结果表明，就整体而言，地方官员的企业背景与区域经济增长之间呈现较弱的正相关关系，其影响在0.2个百分点之内，1992年以后来自企业的地方官员对于区域经济增长的贡献提高到了0.8个百分点左右，这说明地方官员的企业背景对于推进地区经济发展起到了显著的作用。宋凌云等（2013）[②] 考察了中国省级官员对地方产业结构的影响，结果发现，省委书记和省长对区域产业结构的变动具有显著的影响；但这种影响随任期的增加而下降。张尔升等（2013）[③] 用1992~2009年省长、省委书记的数据检验了官员特征对区域产业升级的影响，地方官员的特征对区域产业高级化具有显著的影响。王贤彬等（2013）[④] 考察了地方官员特征对地区财政支出结果的影响，发现在我国财政分权和行政集权的体制下，地方官员的个人特征对地方财政支出规模及结果具有显著影响：地方财政支出的增长速度随地方官员任期的增加而下降；地方官员学历差异导致显著的财政支出结构差异。

---

① 张尔升. 地方官员的企业背景与经济增长——来自中国省委书记，省长的证据[J]. 中国工业经济，2010（3）：129-138.
② 宋凌云，王贤彬，徐现祥. 地方官员引领产业结构变动[J]，经济学（季刊），2013（1）：71-92.
③ 张尔升，胡国柳. 地方官员的个人特征与区域产业结构高级化——基于中国省委书记，省长的分析视角[J]. 中国软科学，2013（6）：71-83.
④ 王贤彬，张莉，徐现祥. 什么决定了地方财政的支出偏向——基于地方官员的视角[J]. 经济社会体制比较，2013（6）：157-167.

这些文献证明地方官员行为受政治激励的影响，正是当前我国官员治理体制中以经济发展为主要考核指标的做法，决定了地方官员对地区经济增长情况的重视。而官员的个人特征和偏好又会对其感知到的晋升激励强度产生影响，并最终作用于地区经济增长。

## 2.4 地方官员与企业

上述有关地方官员与经济增长的研究证明了地方官员对地区经济增长的影响，但是，企业是地区经济的微观基础，经济的增长要通过企业的行为来拉动。Shleifer 和 Vishny（1994）[①] 就官员的政治影响力对企业行为的影响进行了阐述，通过构建一个博弈模型，他们发现地方官员能够从当地企业的持续发展中获取政治利益和私人利益：一方面，这些企业能够在当地创造就业，生产公共产品，带动地区发展，增加社会福利，为官员获得更多的政绩；另一方面，这些企业能够通过政治献金、商业贿赂、出让公司股份等形式，向官员提供更多的私人利益。而地方官员也非常乐于通过自身的政治影响力，而非直接控制权，对企业的生产经营活动进行干预，以最大化自身利益。那么在我国的制度环境和社会背景下，地方官员是如何影响企业的呢？大批文献从公司治理行为、企业经营活动等方面入手，考察了地方官员的政治影响力对企业行为的影响，以及官员的政治激励在其中发挥的作用。

一部分学者认为，地方官员通过对企业的直接控制权实现对企业行为的干预，以达到追求自身的政治利益和个人利益的目的。

---

① Shleifer A., Vishny, R., Politicians and firms [J]. The Quarterly Journal of Economics, 1994, Vol. 109（4）. 995–1025.

## 第2章 文献综述

Sapienza（2004）① 通过使用意大利1991～1995年银行业的数据研究，发现国有银行更倾向于向大型的以及位于经济发展较差地区的企业提供贷款；同时，国有银行的贷款受到政治行为特别是银行所属党派选举结果的影响，贷款企业所在地区政党的势力越强，所获贷款的利率会越低。Allen等（2005a②，2005b）发现作为中国企业融资主要渠道的银行贷款，受到政治因素影响，更多投向国有企业，而且受到政治影响的贷款更多成为低效益贷款。Fan等（2007）③ 就地方政府在国有企业的这种直接控制权对企业行为的影响进行了论证，发现正是受到政治利益等个人目标的驱动，政府官员才会通过企业控制权对国有企业行为进行干预，并最终影响力企业的经营效率。Fan等（2008）④ 以中国腐败案件为研究对象，调查了腐败官员的关联企业在案发后负债情况的变化，结果发现，在案件曝光后上台的新任官员出于政治切割的目的，会利用政府对银行的控制权对银行行为进行干涉，要求这些企业提前偿还长期贷款，或者提高利息水平，使这些企业融资成本大幅度上升，长期债务比例显著下降，这一极端样本显著地说明了地方官员的政治动机对企业经营活动所能够产生的巨大影响。Chen等（2011）⑤ 以2001～2006年中国上市企业为研究样本，考察了政府官员对企业投资行为的影响，结果发现，在政府干预下，在其他条件相同的情况下，国有企业的投资业绩敏感性显著低于

---

① Sapienza, P. The effects of government ownership on bank lending [J]. Journal of Financial Economics, 2004, Vol. 72 (2). 357 – 384.

② Allen, F., Qian, J., Qian, M. Law, finance, and economic growth in China [J]. Journal of Financial Economics, 2005, Vol. 77 (1). 57 – 116.

③ Fan, J., Wong, T., Zhang, T. Politically connected CEOs, corporate governance, and Post – IPO performance of China's newly partially privatized firms [J]. Journal of Financial Economics, 2007, Vol. 84 (2). 330 – 357.

④ Fan, J., P. H., Rui, O. M., Zhao, M. Public governance and corporate finance. Evidence from corruption cases [J]. Journal of Comparative Economics, 2008, Vol. 36 (3). 343.

⑤ Chen, S., Sun, Z., Tang, S. Government intervention and investment efficiency. Evidence from China [J]. Journal of Corporate Finance, 2011, Vol. 17 (2). 259 – 271.

非国有企业,而在企业高管与政府具有政治联系的国有企业,这种差异更为明显,说明政府官员通过对国有企业的高管任命权,实现了对企业投资决策的影响。钱先航等(2011)[①]以地方政府直接控制下的城市商业银行为研究样本,考察了地方官员对辖内企业的影响,发现官员的晋升压力对城市商业银行的贷款总量、期限结构、行业分布及贷款风险具有显著影响。纪志宏等(2014)[②]利用1999~2009年268个地级市2831个市委书记的信息,考察了官员年龄对城市商业银行信贷的影响,他们发现,当地城商行的信贷规模与官员年龄呈倒"U"形关系,城商行的信贷规模随着地级市主要官员的年龄先逐渐增加然后逐渐减小;从总贷款结果来看,当地方官员年龄达到52岁左右时,信贷规模最大。

另一部分学者则认为,政府官员对企业行为的干预是通过其对企业的政治影响力达到的,这样的影响突出表现在诸多企业都通过不同途径争相与政府产生联系。Bushman等(2006)[③]就政府官员对企业的影响机制进行了阐述:由于地方官员掌握着对企业进行审批、监管、处罚的权利,企业出于降低成本、最大化利益的考虑,会主动迎合官员的偏好,将自身的行为与官员的目标保持一致。在我国,地方官员对企业的这种影响力也被很多文献所证实。

陈晓和李晓静(2001)[④]首次提供了我国地方政府通过行政手段影响公司业绩的证据,他们发现地方政府通过给予辖内企业更多的补贴、更多的税收优惠,帮助企业获得更好的公司业绩。

---

① 钱先航,曹廷求,李维安. 晋升压力,官员与城市商业银行的贷款行为 [J]. 经济研究,2011(12):72-85.

② 纪志宏,周黎安,王鹏. 地方官员晋升激励与银行信贷——来自中国城市商业银行的证据 [J]. 金融研究,2014(1):1-15.

③ Bushman, R. M., Piotroski, J. D. Financial reporting incentives for conservative accounting. The influence of legal and political institutions [J]. Journal of Accounting and Economics, 2006, Vol. 42 (1-2). 107-148.

④ 陈晓,李静. 地方政府财政行为在提升上市公司业绩中的作用探析 [J]. 会计研究,2001(12):20-28.

## 第2章 文献综述

陈冬华（2003）[①]发现政府补贴对企业的经营效率存在显著影响，与其他企业相比，具有地方政府背景的董事长能够影响地方政府在分配补贴时的偏好，为企业获得更多补贴，推动企业快速、优质发展。北京大学中国经济研究中心宏观组（2004）[②]发现为了追求政绩，推动地区经济发展，当地政府会故意以较低的价格将土地等生产资源提供给企业，帮助企业降低投资成本，拉动企业投资，更好地实现经济增值，推动地区经济增长。孙铮等（2005）[③]考察了政府对企业债务结构的影响后发现，当地区市场化程度较低时，政府对企业拥有较强的干预能力，地方官员通过对企业和银行的控制，可以帮助企业获得更多的长期借款，降低借款成本；而当市场化程度相对较高时，政府对企业的干预能力较弱，帮助企业获得银行长期借款的能力降低，企业的长期借款占总负债的比例也减低，这一结果说明地方官员就企业的干预行为对企业的债务期限结果具有显著的影响。郭庆旺等（2006）[④]通过建立一个3阶段序贯博弈模型，分析了地方政府行为地区经济的影响。他们的分析显示，在地区经济利益和政治晋升激励的影响下，地方政府总是有利用优惠政策，吸引企业投资，拉动地区经济的强烈动机。曾庆生和陈信元（2006）[⑤]考察了政府对企业雇员情况的影响后发现，国有企业往往会雇佣超过自身生产需求数量的员工，并为员工提供相对偏高的工资率，而且雇佣数量和工资率与国家控股显著正相关，这说明这种做法虽然增加了企业的负担，但这样的

---

[①] 陈冬华. 地方政府，公司治理与补贴收入——来自我国证券市场的经验证据 [J]. 财经研究，2003（9）：15-21.
[②] 北京大学中国经济研究中心宏观组. 产权约束，投资低效与通货紧缩 [J]. 经济研究. 2004（9）：26-35.
[③] 孙铮，刘凤委，李增泉. 市场化程度，政府干预与企业债限结构——来自我国上市公司的经验证据 [J]. 经济研究，2005（5）：52-63.
[④] 郭庆旺，贾俊雪. 地方政府行为，投资冲动与宏观经济稳定 [J]. 管理世界，2006（5）：19-25.
[⑤] 曾庆生，陈信元. 国家控股，超额雇员与劳动力成本 [J]. 经济研究，2006（5）：74-86.

行为是出于帮助地方政府稳定就业、实现经济平稳发展的目的。唐雪松等（2010）① 发现出于发展地区经济的目的，地方政府会对企业的投资行为进行干预，希望以企业投资来拉动地区经济繁荣发展，最终使地方国有企业出现过度投资的情况，而且这种过度投资现象在经济落后地区更为明显。顾元媛和沈冲荣（2012）② 使用长三角和珠三角地区地级市中小企业板上市公司 2007～2009 年数据，就地方官员的创新特征对企业创新投入的影响进行了实证证据，使用官员的企业家背景、年龄、学历等官员个人特征衡量官员的创新倾向，结果表明，以官员的企业家背景代表的官员"创新精神"对当地的创新投入具有显著的促进作用。这说明地方官员的价值取向和个人偏好对当地的创新绩效具有显著的影响。吉利等（2014）③ 通过对企业的深度访谈，考察了政府干预对企业间接施工成本的影响，发现受地方官员的政治利益和个人利益影响，企业会在投标、施工过程中承担更多的政策性负担，使企业的成本可控性降低，直接预算约束软化，这一研究说明地方官员的政治影响力能对企业的成本结构发生显著作用。白俊等（2014）④ 对企业的过度投资行为进行了研究，发现政府干预和管理层自利都是企业过度投资的动因，但是当政府干预程度较强时，政府干预可以压制管理层自利行为对企业过度投资的影响。也就是说，在一定程度上，政府干预能够作为一种外部治理机制，降低企业的代理问题，保护投资者的权益。Piotroski 等（2015）⑤ 在研究中也发现

---

① 唐雪松，周晓苏，马如静. 政府干预，GDP 增长与地方国企过度投资 [J]. 金融研究，2010（8）：33 - 48.

② 顾元媛，沈坤荣. 地方官员创新精神与地区创新——基于长三角珠三角地级市的经验证据 [J]. 金融研究，2012（11）：89 - 102.

③ 吉利，邓博夫，毛洪涛. 预算约束，政府干预与工程项目成本——来自中国国有大型施工企业的经验证据 [J]. 南开管理评论，2014（3）：94 - 102.

④ 白俊，连立帅. 国企过度投资溯因：政府干预抑或管理层自利？[J] 会计研究. 2014（2）：41 - 48.

⑤ Piotroski, J. D., Wong, T. J., Zhang, T. Political incentives to suppress negative information. Evidence from Chinese listed firms [J]. Journal of Accounting Research, 2015, Vol. 53（2）：405 - 459.

在中国"两会"期间和官员面临晋升考核时，为配合地方官员营造和谐稳定的发展局面，帮助官员在政治竞争中获得更多筹码，企业会主动压制负面消息的披露，而等到关键时期度过之后才将消息发布。

## 2.5 文献评述

上述的这些研究都从地方政府对经济发展的影响这一角度，考察了地方官员的政治竞争强度、政治晋升激励以及个人偏好对地区经济，甚至企业运营过程的影响。但这些研究都是将地方政府的政治动机，与地区经济发展的结果或者企业的产出效率直接联系，隐含的假设是官员对地方经济的发展具有巨大的影响力和控制力，能够通过自身努力推动经济增长，但少有文献揭示地方官员影响经济增长的路径和方式。尽管有一些文献开始将视角转向官员推动经济增长的方式，如投资行为、基础建设等，但仍都局限于少数宏观变量，并没有推进到微观层次上对企业受到的影响进行系统的分析和研究。

本书认为，作为一个宏观结果，经济增长需要依靠单个经济参与个体的行为来推动，而作为推动经济发展的关键因素，金融体系作为连接宏观经济与单个企业的绝佳中介，也可以成为地方官员实现目的的重要手段，因此本书有理由相信地方官员的治理特征会对金融机构的行为产生重要而显著的影响，而地区金融机构的行为变化又会对企业的融资、会计政策选择、公司治理机制产生影响。因此，本书将从地方官员特征的角度，考察官员的晋升激励对企业贷款、企业会计稳健性水平、企业高管更换的影响。

地方官员晋升激励
与公司治理
Chapter 3

# 第 3 章　地方官员晋升激励与企业贷款

## 3.1 引　　言

政治对银行的影响一直是经济学家关注的重点：一方面，政府能够通过其在金融机构的所有权，让国有金融机构在经济发展中为私有金融机构不能或者不愿提供融资的对象提供信贷，达到促进经济健康发展的目的。Levine 和 Zervos（1997）[1] 发现银行部门的发展与地区未来的经济发展显著正相关。Sapienza（2004）[2] 发现国有银行会更倾向于向落后经济地区的企业提供贷款，以扶持地区经济发展。另一方面，金融机构的国有股权也为政府官员的"寻租"行为提供操作空间，政府官员会通过金融机构扶持那些在选举中属于己方阵营的企业，以达到扩充政治影响力的目的。Dinc（2005）[3] 通过对选举前后银行行为进行研究，发现选举人会通过操纵银行的行为来扩大自身政治影响，以期获得政治利益。Micco 等（2007）也发现国有银行会在大选进行的年度，增加贷款，且这种增加是由于贷款供给的增加造成的。这些证据都表明政治因素对银行的影响一直都是显著存在的，政府官员可以通过对银行的影响来推动地区发展，扩大政治影响力，谋取政治利益。而在我国，由于官员的考核指标主要注重当地的经济发展，官员对银行行为的干预都是基于推动当地经济发展的动机，当地企业才是构成地区经济的微观部分，所以将官员对银行的影响延伸到对企业的影响，能更直接地将官员的行为与动机联系起来，为官员业绩考核和激励提供更为细致的经验证据。

---

[1] Levine, R. E., Financial development and economic growth. views and agenda [J]. Journal of economic literature, 1997, Vol. 35 (2). 688 – 726.

[2] Sapienza, P. The effects of government ownership on bank lending [J]. Journal of Financial Economics, 2004, Vol. 72 (2). 357 – 384.

[3] Dinc, I. Politicians and banks. Political influences on government – owned banks in emerging markets [J]. Journal of Financial Economics, 2005, Vol. 77 (2). 453 – 479.

## 第3章　地方官员晋升激励与企业贷款

在我国，以政府为主导的银行体系使政府对银行、投资银行以及其他金融机构具有强大的影响能力。虽然，随着改革开放的不断深入，银行体系也经历了几次改革，独立性得到加强，但政府仍然在经济社会发展中扮演着重要角色，对银行的日常经营依然具有重要影响。Allen 等（2005a[①]，2005b）和 Fan 等（2008）[②] 都发现，在我国政治因素对银行具有显著影响。因此，研究我国背景下政府官员对银行行为的影响具有更为特殊的意义。同时，本章还对地方官员的这一影响给企业的借款成本造成的影响进行了考察。因为地方官员对银行行为进行干涉，敦促银行为企业提供更多贷款，只是实现其目的的一种手段，其根本目的是在于帮助企业发展，实现地区经济发展。只有当这种行为能够为企业带来真正的经济利益时，企业才能获得真正的效益，并实际推动地区经济发展。而借款对企业经济利益最直接的影响就是借款成本，借款成本越低，企业能够实现的收益就越高，所以本章对企业的借款成本进行了考察。

以往研究在考察政府对经济的影响时，多将政府视为一个不变的主体，其通过自身行为对政策制度因素的影响作用于经济。但事实上，政府是由多个官员组成的整体，政府行为就是这些官员行为的合集，政府官员的不同行为都将导致政府行为的调整。同时，政府官员的组成由于选举、调动等因素的影响是不断变化的，这种变化也会导致政府行为的改变。所以在研究政府行为时不考虑官员的自身特征和环境因素的影响，将很难真正地理解政府行为的动机、后果以及对经济的影响。因此本章将会从地方官员的角度，考察官员特征对企业信贷情况的影响，同时考察对企业融资成本的影响，从这一角度来研究政治因素对企业的影响，以期对政治与经济之间

---

[①] Allen, F., Qian, J., Qian, M. Law, finance, and economic growth in China [J]. Journal of Financial Economics, 2005, Vol. 77 (1): 57 – 116.

[②] Fan, J., P. H., Rui, O. M., Zhao, M. Public governance and corporate finance. Evidence from corruption cases [J]. Journal of Comparative Economics, 2008, Vol. 36 (3): 343.

的互动有一个更好的了解。本章以2004～2011年市级层面的数据为研究样本,考察地方官员特征(任期、年龄、来源等)对地区企业的影响,本章发现,任期与企业贷款增长率之间显著负相关,与企业借款成本之间显著正相关,即随着任期的延长,晋升激励强度下降,官员扶持企业发展以促进经济发展的动力减弱,企业获得贷款的难度增大,企业贷款增长率下降,借款成本上升;年龄和来源也对官员的晋升激励存在影响,来自外地、晋升空间较大的官员受晋升影响较大,对企业贷款增长率的影响更为明显,而且国有企业的贷款增长率受官员影响更大。但对企业借款成本进行的分组检验却没有验证本章的所有推论,只发现晋升空间会对企业借款成本的影响更明显。

  与以往研究相比,本章从以下几个方面丰富了现有文献:一是为政治与经济的研究提供了一个新的视角。与以往有关政治不确定性的文献相比,本章从官员晋升激励的角度入手,发现与政治不确定性导致官员更换初期经济发展滞后的现象不同:在官员的任职初期,由于晋升激励更强,官员更有动机和魄力推动经济发展,并为企业提供相关支持,企业的贷款显著增加;而在官员任职后期,由于晋升激励下降,官员扶持企业发展以推动经济发展的动机减弱,企业的贷款增速放缓。二是将政府对地区经济、企业行为的影响推进到了官员个人层次,有助于更好地了解政治动机对企业行为的影响路径。与以往研究就政府视为一个整体不同,本章从官员个人特征对晋升激励的影响入手,揭示官员对地区经济、企业行为进行干涉的根本原因。三是通过对地方官员特征与企业贷款的研究,帮助更好地了解官员影响经济增长的路径。与以往直接单纯研究地方官员与地区经济增长之间关系的模式相比,本章找到了官员影响经济增长的路径——银行贷款,为官员对企业信贷的影响提供了直接证据。四是将我国官员对经济影响的研究拓展到了市级层面,有助于本章从根源上了解官员与经济增长之间的作用机制。以往研究大多停留在省级层面（林毅夫等，2007①；王贤彬等，2009②），但与省级官员相比，市级官员与企业发生直接接触的机会更多，业绩考核受地区经济的影响更大，对经济进行直接干预的可能更大，影响也更直接，所以研究市级官员对金融及经济的影响有助于本章从根本上了解官员特征、行为与经济增长之间的作用机制。

## 3.2 理论分析与假设

政府与银行之间的亲密关系一直都是经济学家关注的重点：一方面，政府能够通过其在银行的所有权，让国有银行在经济发展中为私有银行不能或者不愿提供融资的对象提供信贷，达到促进经济健康发展的目的；另一方面，银行的国有股权也为政府官员的"寻租"行为提供操作空间，政府官员会通过银行扶持那些在选举中属于己方阵营的企业，以达到扩充政治影响力的目的。

已有文献证实了地区政府变动会对银行的行为造成的影响。La Porta 等（2002）③ 指出政府官员会通过操纵国有银行的行为，进一步最大化自身的政治利益。Sapienza（2004）④ 通过使用意大利 1991～1995 年银行业的数据研究，发现国有银行更倾向于向大型的以及位于经济发展较差地区的企业提供贷款；同时，国有银行的贷款受到政治行为特别是银行所属党派选举结果的影响，贷款企业所在地区政党

---

① 林毅夫，张军，高远. 官员任期、异地交流与经济增长——来自省级经验的证据 [J]. 经济研究，2007（11）：91 – 103.

② 王贤彬，徐现祥，李郇. 地方官员更替与经济增长 [J]. 经济学（季刊），2009（4）：1301 – 1328.

③ La Porta, R., Shleifer, A., Vishny, R. Investor protection and corporate valuation [J]. The Journal of Finance, 2002, Vol. 57 (3). 1147 – 1170.

④ Sapienza, P. The effects of government ownership on bank lending [J]. Journal of Financial Economics, 2004, Vol. 72 (2). 357 – 384.

的势力越强，所获贷款的利率会越低。Dinc（2005）[①] 对36个国家中的国有银行和私立银行进行了对比研究，为发展经济体中政府官员如何通过国有银行为支持者寻求利益，以扩大政治影响提供了证据，他的研究结果发现，在大选进行的年度，相对于私有银行，国有银行会大幅增加对外的信贷，而且这一结果在控制了宏观经济因素和银行自身特征之后依旧稳健。Brown 和 Dinc（2005）对21个发展中国家中164个银行样本进行了研究，考察了政治行为对银行破产决策的影响，他们发现，政治因素对银行破产决策具有非常重要的作用，相对于选举之后，在国家选举之前，破产银行被政府接管或失去经营许可牌照的可能性显著降低。Micco 等（2007）采用 Dinc（2005）的方法对世界范围内179个国家1995~2002年较为全面的样本重新进行了检验，结果表明国有银行确实会在大选进行的年度，增加贷款，且这种增加是由于贷款供给的增加造成的。Liu 等（2014）[②] 使用生存模型对美国银行业1934~2012年的数据进行了检验，他们发现，在选举前一年，破产银行被接管或失去经营许可牌照的可能性降低了45%。在国内，李维安等（2012）[③] 利用2006~2009年我国市委书记和城市商业银行的对应样本，考察了官员个人特征对城商行信贷投放的影响，发现市委书记的个人特征对区域内城商行的信贷决策存在显著影响。这些文献都证实了政府对国有银行行为的影响，他们都是从政府官员会通过操纵国有银行以期达到赢取选举胜利这一角度出发的，体现了政治干预对金融机构行为的影响。但他们都未进一步挖掘金融机构行为对当地经济发展的影响。而在我国，由于官员的考核指标主要注重当地的经济发展，官员对金融机构行为的干预都是基于推

---

[①] Dinc, I. Politicians and banks. Political influences on government – owned banks in emerging markets [J]. Journal of Financial Economics, 2005, Vol. 77 (2). 453–479.

[②] Liu, W., Ngo, P. T. H. Elections, political competition and bank failure [J]. Journal of Financial Economics, 2014, Vol. 112 (2). 251–268.

[③] 李维安，钱先航. 地方官员治理与城市商业银行的信贷投放 [J]. 经济学（季刊），2012 (4)：1239–1260.

## 第3章 地方官员晋升激励与企业贷款

动当地经济发展的动机,所以将官员对金融机构的影响延伸到金融对经济发展的影响,才能更直接地将官员的行为与动机联系起来,为官员业绩考核和激励提供更为细致的经验证据。

目前我国的银行体系主要由中央银行、四大国有商业银行、10多家政府参与控股的商业银行、100多家由地方政府主导的城商行构成。我国以政府为主导的金融体系,使政府对银行、投资银行以及其他金融机构具有强大的影响能力。虽然银行体系经过了三个阶段的改革(1978~1994年:政府对银行拥有直接行政权;1994~1997年:银行商业化改革;1998年至今:银行垂直化管理改革[①]),政府对银行行为的干涉能力也被限制了不少,但政府仍然在经济社会发展中扮演着重要角色,对银行的日常经营依然产生重要影响,Allen 等(2005a[②],2005b)发现作为中国企业融资主要渠道的银行贷款,受到政治因素影响,更多投向了国有企业,而且受到政治影响的贷款更多地成为低效率贷款。所以本章预计地方官员的晋升激励会对银行的行为造成影响,其目的是帮助区域内企业解决融资问题,扶持企业发展,并最终推动地区经济发展。因此,本章预期,当官员出于政治晋升的目的,促使银行为地区经济发展提供支持时,区域内企业的融资情况必然会受到影响,获得贷款的难度下降,企业将获得更多的贷款。Fan 等(2008)使用中国 1995~2003 年的数据检验了政治动机对银行贷款情况的影响,他们发现,企业的银行借款情况显著受到政治联系的影响,与腐败官员具有政治联系的企业在案发后银行贷款金额和期限构成都经历了巨大的改变:在官员腐败案案发后,这些关联企业的贷款金额大幅度下降,贷款期限也急剧缩短。所以本章认为,在地方出于促进经济增长的目的干涉银行行为时,当地企业能够得到

---

① 巴曙松,刘孝红,牛播坤. 转型时期中国金融体系中的地方治理与银行改革的互动研究 [J],金融研究;2005 (5).

② Allen, F., Qian, J., Qian, M. Law, finance, and economic growth in China [J]. Journal of Financial Economics, 2005, Vol. 77 (1). 57-116.

更多的金融支持，贷款增长幅度会更大，企业贷款比率（贷款占资产的比率）会上升，而随着官员晋升激励强度的减弱，对银行的影响降低，企业贷款比率的增长也会下降。又根据官员锦标赛的相关理论，地方政府官员在任职初期更渴望在新的工作职位上做出新的成绩，以获得认可，增加政治晋升的概率。本章可以合理预期新任官员会有动力去督促银行提供更多的贷款，帮助企业发展，以更好地推动地区经济发展。但随着官员任期的延长，官员感知到的晋升激励强度下降，对干涉银行行为以推动经济发展的动机减弱。因此，可以提出第一个假设：

H3-1：地方官员的任期与当地企业的贷款增长率负相关。

进一步，本章考虑地方官员的这种行为给企业造成的经济后果。正如本章所分析的，地方官员对银行的行为进行干涉，敦促银行为企业提供更多贷款，其目的是在于帮助企业发展，最终实现地区经济发展。陈晓和李静（2001）[①] 发现了我国地方政府通过行政手段影响公司业绩的证据，他们发现地方政府通过给予辖内企业更多的补贴、更多的税收优惠，帮助企业获得更好的公司业绩。孙铮等（2005）[②] 也指出地方官员会通过其对银行的影响力，帮助企业获得更多的长期贷款，降低借款成本。所以，本章认为，帮助企业获得更多的贷款只是地方官员帮助企业获取经济利益的一种手段，这一行为的目的是帮助企业降低借款成本。因此，在任职的初期，地方官员出于晋升激励的目的，对银行行为进行干涉，扶持企业发展时，企业会获得更多的长期借款，并且借款成本也会降低。但随着官员任期的延长，晋升激励的强度下降，官员对银行进行干涉的动机减弱，企业获得的扶持力度减弱，企业的贷款增长率下降，同时，借款成本也会有所上升。因

---

① 陈晓，李静. 地方政府财政行为在提升上市公司业绩中的作用探析 [J]. 会计研究，2001（12）：20-28.

② 孙铮，刘凤委，李增泉. 市场化程度，政府干预与企业债务限结构——来自我国上市公司的经验证据 [J]. 经济研究，2005（5）：52-63.

此，可以提出第二个假设：

H3-2：地方官员的任期与当地企业的借款成本正相关。

本章考虑晋升空间对晋升激励的影响。由于中央对每一级别的行政干部有任职的最高年龄的限制，因此从政者必须在一定年龄升到某个级别，否则就没有机会。例如，近年来中央对省部级干部的退休年龄规定为60岁，假设一任的时间正常为5年，这意味着一个普通从政者要逐级提升为省部级干部，在最顺利的情况下也需要20年时间，但通常来说远不止这些时间。近年来国家对干部任职的年龄要求越来越趋于年轻化，使一轮竞争错过提拔机会就可能永远失去晋升机会，这势必使年龄成为影响官员晋升激励的因素之一。本章设定60周岁为官员的职业终点，显然，距离终点越近，官员的晋升空间越小，感知到的晋升激励水平越低。本章预计离职业终点已经不足一个任期的官员，对获得提拔已经基本不抱期待，所以他们干预地方经济行为，促进金融发展、经济增长的动机会相对较弱。纪志宏等（2014）[①] 用城市商业银行的样本考察了官员年龄对银行信贷的影响，他们发现，当地城商行的信贷规模与官员年龄呈倒"U"形关系，城商行的信贷规模随着地级市主要官员的年龄先逐渐增加然后逐渐减小；当地方官员年龄超过52岁之后，信贷规模随官员年龄的增加而减小。根据以上分析，本章可以合理推断，剩余工作年限较长的地方政府官员晋升空间较大，在任职初期面临的晋升激励更大，推动经济发展的动机更强，对银行的干预程度更强，企业得到的扶持力度越大，贷款增长更快，借款成本更低，而随着任期的延长，晋升激励减弱的强度也会更为明显，官员行为随之变化更大，企业贷款增长、借款成本出现的波动也就更大。因此，可以提出第三个假设：

H3-3：晋升空间较大的官员对企业影响更大。

H3-3a：晋升空间较大的官员对企业贷款增长率的影响更大。

---

① 纪志宏，周黎安，王鹏．地方官员晋升激励与银行信贷——来自中国城市商业银行的证据［J］．金融研究，2014（1）：1-15．

H3-3b：晋升空间较大的官员对企业借款成本的影响更大。

然后，本章考虑官员的来源对晋升激励的影响。在我国有关党政领导干部交流工作相关规定的推动下，官员的异地交流是普遍。不少研究也发现，官员的异地交流有助于提升政府的工作效率，提升官员能力，并改善工作动机。林毅夫等（2007）[①] 利用1978~2004年我国各省（除西藏外）的省委书记和省长的数据，考察了异地交流制度对地区经济增长的影响，结果发现，官员异地交流对经济增长有着显著的推动作用。李维安等（2012）[②] 利用2006~2009年100个城市的地方官员和城商行的数据样本，发现由外地晋升的市委书记管辖范围内的城市商业银行会显著地扩张信贷。根据以上分析，本章可以合理推断，来自外地的地方政府官员在任职初期面临的晋升激励更大，推动经济发展的动机更强，对银行的干预程度更强，企业得到的扶持力度越大，贷款增长更快，借款成本更低，而随着任期的延长，晋升激励减弱的强度也会更为明显，官员行为随之变化更大，企业贷款增长、借款成本出现的波动也就更大。因此，可以提出第四个假设：

H3-4：来自外地的官员对企业影响更大。

H3-4a：来自外地的官员对企业贷款增长率的影响更大。

H3-4b：来自外地的官员对企业借款成本的影响更大。

最后，本章考虑企业的产权性质对企业贷款及借款成本的影响。根据相关文献，受政治因素及其他非经济因素的影响，我国政府在经济发展中更倾向于给国有企业提供更多的支持和补贴，国有企业的行为受政府影响更大。Chen等（2011）[③] 等文献从企业产权性质的角

---

① 林毅夫，张军，高远. 官员任期，异地交流与经济增长——来自省级经验的证据 [J]. 经济研究，2007（11）：91-103.

② 李维安，钱先航. 地方官员治理与城市商业银行的信贷投放 [J]. 经济学（季刊），2012（4）：1239-1260.

③ Chen, S., Sun, Z., Tang, S. Government intervention and investment efficiency. Evidence from China [J]. Journal of Corporate Finance, 2011, Vol. 17（2）. 259-271.

度考察了政府行为对不同企业的影响,发现政府更倾向于向国有企业提供补贴、税收优惠、银行贷款等资源,扶持国有企业发展。据此,提出第五个假设:

H3-5:国有企业受官员任期的影响更大。

H3-5a:国有企业的贷款增长率受官员任期的影响更大。

H3-5b:国有企业的借款成本受官员任期的影响更大。

## 3.3 研究设计与样本选择

### 3.3.1 研究样本与数据来源

根据《中华人民共和国行政区划简册》,截至2013年3月,中国一共包括289个"地级市"(其中包括15个副省级城市)。为了获得市委书记任职的数据,本章首先从新华网查询到各个市历任市委书记的姓名,随后从人民网地方领导资料库搜寻到各地历任市委书记的简历资料,确定各地市委书记的任职年份;在此基础上,继续通过谷歌、百度等网络搜索各地历任市委书记的简历,最终确定样本期间各地历任市委书记的变更年份和月份,以及他们的个人特征信息。

使用市委书记作为本章的研究对象,是因为作为城市的最高领导人,市委书记对地方经济拥有最高的控制权,他的任期对晋升激励的影响也就会更加明显,而这种影响最终会经由政府的行为投射到地区银行的行为,甚至企业贷款行为中去。因为有关城市的一些统计数据多是从2003年开始提供的,而本章的贷款增长率是一个相对于前一年的增量,所以最终本章得到了2004~2011年,总共8519个企业年度样本,分布在1538个城市年度中,样本分布如表3.1所示。从来源上看,来自本地的官员占到全部官员的24%,来自外地的官员占到全部官员的76%,这也说明了我国官员跨区域竞争的常态化。

表 3.1　　　　　　　　　城市数据年度分布

| 年度 | 城市（个） | 企业样本（家） | 本地（%） | 异地（%） |
|---|---|---|---|---|
| 2004 | 132 | 672 | 15.0 | 85.0 |
| 2005 | 192 | 911 | 23.5 | 76.5 |
| 2006 | 189 | 901 | 26.9 | 73.1 |
| 2007 | 194 | 973 | 29.6 | 70.4 |
| 2008 | 203 | 1090 | 18.0 | 82.0 |
| 2009 | 200 | 1135 | 13.1 | 86.9 |
| 2010 | 208 | 1279 | 23.5 | 76.5 |
| 2011 | 220 | 1558 | 34.5 | 65.5 |
| 总计 | 1538 | 8519 | 24 | 76 |

为考察每年各个城市的银行贷款情况，本章从 Wind 数据库、CSMAR 数据库和中经网统计数据库搜集了每个城市 2004～2011 年地区年末银行贷款的数据、影响企业借款成本的其他指标数据、企业有关有息负债的数据，以及企业的其他影响银行贷款决策的特征。为保证结果的稳健性，本章对连续变量进行了（1%，99%）的 winsorize 处理。

### 3.3.2　模型设定与变量定义

官员感知到的晋升激励强度会随着其任期的长度变化而变化，导致官员的行为在任期内发生变化，对银行行为的干涉强度也随之变化。当官员期望通过干涉银行的行为来推动地区经济发展时，银行等金融中介将会为企业提供更多的资金支持，企业以银行贷款为主要组成部分的外部融资也会随之发生快速增长。因此，本章建立以企业贷款增长指标为因变量、官员任期为自变量的回归模型。同时，考虑到官员的其他特征，如年龄、来源等，对晋升激励存在的影响，进而对官员行为、地区经济发展产生的影响，本章将把这些特征引入回归模型中。本章设立的第一个模型如下：

## 第3章 地方官员晋升激励与企业贷款

$$\text{Loan growth} = \alpha_0 + \alpha_1 \text{tenure} + \mu \text{ctrl vars} + \delta \tag{3.1}$$

进一步,本章将考察地方官员对企业借款成本的影响。本章知道,地方官员对银行的行为进行干涉,敦促银行为企业提供更多贷款,其目的是帮助企业发展,最终实现地区经济发展。孙铮等(2005)[①]也证实了政府官员对企业的扶持导致企业借款成本降低的现象。所以本章接下来建立以企业借款成本指标为因变量、官员任期为自变量的回归模型,同时本章也会考虑官员的其他特征对企业贷款的影响。本章设立的第二个模型如下:

$$\text{Debt cost} = \beta_0 + \beta_1 \text{tenure} + \lambda \text{ctrl vars} + \varepsilon \tag{3.2}$$

模型中涉及的主要变量包括:

(1) 贷款增长率。根据余明桂等(2008)[②]、杜兴强等(2012)[③],本章用贷款比率(贷款占资产的比率)来衡量企业获得银行贷款的难易程度,进一步,用银行贷款比率相对于上一年的增长代表企业的贷款比率在当年的增长,衡量企业获得银行贷款的难度在年度间的变化。

(2) 借款成本。由于我国的上市公司没有就各种类型的债务利息进行明确披露,为更好地衡量企业为筹集资金所发生的成本,本章用企业的财务费用率(财务费用/长短期债务总额平均值)来计算债务成本(debtcost),其中,短期负债包括资产负债表中的短期借款和一年内到期的长期借款,长期负债包括长期借款、应付债券、长期应付款、其他长期负债项。按照《企业会计准则应用指南》规定,财务费用科目核算企业为筹集生产经营所需资金等而发生的筹资费用,包括利息支出(减利息收入)、汇兑差额、相关的手续费、企业发生

---

[①] 孙铮,刘凤委,李增泉. 市场化程度,政府干预与企业债务限结构——来自我国上市公司的经验证据 [J]. 经济研究,2005 (5): 52-63.

[②] 余明桂,潘红波. 政治关系,制度环境与民营企业银行贷款 [J]. 管理世界,2008 (8): 9-21.

[③] 杜兴强,曾泉,吴洁雯. 官员历练,经济增长与政治擢升——基于1978~2008年中国省级官员的经验证据 [J]. 金融研究,2012 (2): 30-47.

的现金折扣或收到的现金折扣等，这些科目全面地反映了企业筹资活动的成本。

（3）官员任期。本章用官员在任的年数（tenure）来衡量官员的任期。由于大部分官员是在年中任职的，因此参照王贤彬等（2009）的做法，若市委书记在一年的1~5月上任的，本章将该年定义为官员上任的第一年；若市委书记在一年的6~12月上任的，本章将下一年定义为官员上任的第一年。

（4）官员的其他特征。晋升空间，即距离退休年龄还有多少年来衡量官员的晋升空间，根据相关文献，离退休年龄越近，官员的晋升空间越小，晋升激励越弱；官员的来源，本章将官员划分为本地来源组和异地来源组，根据相关文献，来自异地的官员晋升激励较强。

（5）企业贷款增长的控制变量。在模型1中，本章控制了影响银行贷款的企业特征，包括资产（size）、有形资产比率（tangible ratio）、市账比（mb）、资产回报率（roa）、企业成立年限（corage），根据文献，这些指标能在一定程度上反映了企业的风险水平和偿债能力，影响银行在放贷决策过程中对企业的评估结果。

（6）企业借款成本的控制变量。在模型2中，本章控制了影响借款成本的企业特征，包括公司规模（size）、市账比（mb）、财务杠杆（lev）、收益率（spread）、利息保障倍数（intcov）、营业收入增长率（growth）、贷款基准利率（prime）等指标。

变量说明见表3.2。

表3.2　　　　　　　　变量定义

| | | |
|---|---|---|
| 贷款增长率 | loan growth | 企业贷款比率相对于上一年的增长 |
| 债务成本 | debt cost | 100×财务费用/长短期债务总额平均值 |
| 任期 | tenure | 截至本年年底，官员在任的年数 |
| 晋升空间 | remain | 用官员的剩余工作年限来衡量，若官员的工作年限超过一个任期（5年），取值1，否则取值0 |

续表

| 异地 | nonlocal | 官员的来源，若官员自外地调任到目前岗位，取值1，否则取值0 |
| --- | --- | --- |
| 产权性质 | state | 企业产权性质为国有时，取值1，否则取值0 |
| 规模 | size | 企业总资产的对数 |
| 市账比 | mb | 市值与净资产的比值 |
| 有形资产率 | tangible ratio | 有形资产占总资产的比值 |
| 资产收益率 | roa | 利润总额和财务费用之和与资产的比值 |
| 企业年限 | corage | 企业成立的年限 |
| 财务杠杆 | lev | 资产负债比 |
| 股票的收益 | spead | 公司股票的年化收益 |
| 利息保障倍数 | intcov | EBIT/利息 |
| 增长能力 | growth | 100×(本年主营业务收入/上年主营业务收入-1) |
| 市场基本情况 | prime | 贷款基准利率 |

## 3.4 实证结果

### 3.4.1 描述性统计

表3.3是描述性统计的结果。企业贷款增长率的均值和中位数分别为0.1%和0，最小值和最大值分别为-42.5%和80.1%，说明不同企业的贷款增长速度存在明显的差异。企业借款成本的均值和中位数分别为1.685%和2.31%，最小值和最大值分别为-180.2%和20.55%，说明不同企业的借款成本也是差异显著。官员任期的均值和中位数分别为3.06年和3年，最短的为1年，最长的为10年，说明官员任期差别很大，平均任期在3年左右。有67.3%的官员剩余工作年限在1任，也就是5年以上，还有较大晋升空间，从这一角度

说明了官员竞争的强烈。来自外地的官员比率为76.2%，说明超过3/4的官员是从外地调任来的，这也说明了官员跨区域竞争的普遍性。样本中52.4%的企业产权性质为国有，证明了我国经济中国有经济的主导地位。

**表 3.3　　　　　　　　描述性统计**

| variable | N | mean | sd | min | p50 | max |
| --- | --- | --- | --- | --- | --- | --- |
| loan growth | 8519 | 0.001 | 0.058 | -0.425 | 0 | 0.801 |
| debt cost | 8519 | 1.821 | 3.170 | -15.061 | 2.31 | 7.028 |
| tenure | 8519 | 3.064 | 1.924 | 1 | 3 | 10 |
| remain | 8519 | 0.673 | 0.469 | 0 | 1 | 1 |
| nonlocal | 8519 | 0.762 | 0.426 | 0 | 1 | 1 |
| state | 8519 | 0.524 | 0.499 | 0 | 1 | 1 |
| size | 8519 | 21.52 | 1.135 | 17.47 | 21.41 | 28.46 |
| mb | 8519 | 3.589 | 3.157 | 0.658 | 2.615 | 19.66 |
| tangible ratio | 8519 | 0.953 | 0.067 | 0.16 | 0.971 | 1 |
| roa | 8519 | 0.052 | 0.102 | -3.592 | 0.053 | 1.175 |
| corage | 8519 | 13.94 | 4.757 | 2 | 13 | 62 |
| lev | 8519 | 0.492 | 0.205 | 0.002 | 0.503 | 2.555 |
| spead | 8519 | 5.816 | 18.94 | -108.9 | 7.221 | 45.61 |
| intcov | 8519 | 12.65 | 34.72 | -20.66 | 3.762 | 261.9 |
| growth | 8519 | 0.237 | 0.51 | -0.659 | 0.163 | 3.444 |
| prime | 8519 | 6.108 | 0.625 | 5.4 | 6.08 | 7.13 |

表3.4则列示的是各个变量之间的相关系数。从表3.4中本章发现，企业的银行贷款增长率与官员任期之间显著负相关，企业的借款成本与官员任期之间显著正相关，说明与本章的分析一致，随着官员任期的延长，晋升激励下降，官员干涉银行行为、扶持企业发展的动机减弱，企业的银行贷款增长率下降，借款成本升高。

表 3.4 相关系数表

| | loan growth | debt cost | tenure | remain | nonlocal | state | size | mb | tangible ratio | roa | corage | lev | spead | intcov | growth | prime |
|---|---|---|---|---|---|---|---|---|---|---|---|---|---|---|---|---|
| loan growth | 1 | | | | | | | | | | | | | | | |
| debt cost | -0.001 | 1 | | | | | | | | | | | | | | |
| tenure | -0.018* | 0.007* | 1 | | | | | | | | | | | | | |
| remain | 0.009 | 0.038*** | -0.153 | 1 | | | | | | | | | | | | |
| nonlocal | -0.008 | 0.050* | 0.290* | -0.065 | 1 | | | | | | | | | | | |
| state | 0.025** | -0.070* | -0.026** | 0.034* | 0.045* | 1 | | | | | | | | | | |
| size | 0.036** | 0.069 | -0.025** | -0.061*** | -0.036** | 0.254** | 1 | | | | | | | | | |
| mb | 0.016 | -0.014 | 0.048* | 0.001 | -0.006 | -0.091** | -0.278 | 1 | | | | | | | | |
| tangible ratio | -0.005 | -0.084*** | -0.025** | -0.019* | -0.001 | -0.005 | 0.068 | -0.085 | 1 | | | | | | | |
| roa | -0.023** | -0.070*** | 0.007 | -0.015 | -0.016 | 0.001 | 0.155 | 0.015 | 0.025** | 1 | | | | | | |
| corage | 0.001 | 0.045 | 0 | -0.099*** | -0.103 | -0.090*** | 0.071 | 0.103 | -0.060** | -0.003 | 1 | | | | | |
| lev | 0.061** | 0.383*** | -0.001 | 0.019* | 0.047* | 0.127*** | 0.321 | 0.103 | 0.005 | -0.317*** | 0.124* | 1 | | | | |
| spead | 0.002 | -0.109 | 0.020* | -0.040** | -0.014 | -0.001 | 0.22 | -0.084** | 0.070* | 0.711* | 0.002 | -0.263 | 1 | | | |
| intcov | -0.001 | -0.392*** | 0.005 | -0.047*** | -0.001 | -0.013 | 0.052 | 0.039 | 0.039* | 0.232 | 0.004 | -0.235 | 0.245 | 1 | | |
| growth | 0.057** | 0.005 | -0.004 | -0.005 | -0.01 | 0.001 | 0.097 | 0.058 | 0.01 | 0.202 | -0.016 | 0.048 | 0.27 | 0.088 | 1 | |
| prime | -0.037*** | 0.049*** | -0.041*** | 0.003 | -0.064** | -0.007 | -0.002 | -0.053** | -0.022** | 0.034 | 0.007 | -0.01 | 0.013 | -0.019 | -0.001 | 1 |

## 3.4.2 地方官员与企业贷款增长率

在这一部分，本章考察地方官员特征对地区企业贷款增长率的影响，控制年度、行业、公司、城市的固定效应之后的检验结果如表 3.5 所示。表 3.5 的第 1 列结果显示的是地方官员特征与企业贷款增长率的单变量回归结果，与分析结果相一致，任期与企业贷款增长率之间显著负相关，且这一关系在 5% 的水平上显著，说明随着任期的延长，官员干涉银行行为、推动经济发展的动机减弱，企业获得融资的支持力度减弱，企业贷款增长率下降。表 3.5 的第二列显示的是控制企业特征之后的回归结果，在控制影响企业贷款的其他因素之后，任期与企业贷款增长率之间依旧在 5% 的水平上显著负相关。H3-1 成立。

表 3.5　　　　　城市官员与企业贷款增长率

| | 因变量 = loan growth | |
|---|---|---|
| VARIABLES | (1)<br>单变量 | (2)<br>多变量 |
| tenure | -0.062**<br>(-2.18) | -0.061**<br>(-2.12) |
| size | | 0.000<br>(0.40) |
| mb | | -0.008<br>(-1.39) |
| tangible ratio | | -0.351<br>(-0.37) |
| roa | | -1.351**<br>(-2.36) |
| corage | | -0.007<br>(-0.79) |

续表

| 因变量 = loan growth | | |
|---|---|---|
| VARIABLES | (1)<br>单变量 | (2)<br>多变量 |
| Constant | -0.230<br>(-0.56) | 0.190<br>(0.19) |
| 年度 | 控制 | 控制 |
| 城市 | 控制 | 控制 |
| 公司 | 控制 | 控制 |
| 行业 | 控制 | 控制 |
| Observations | 8519 | 8519 |
| Adjusted R – squared | 0.010 | 0.011 |

注：$**\ p<0.05$。

接下来，本章考察官员来源、晋升空间以及企业的产权性质是否会影响官员任期与企业贷款增长率之间的关系，结果如表3.6所示。表3.6模型1的结果显示，晋升空间会加强官员任期与企业贷款增长率之间的负相关关系，H3-3a成立。这说明晋升空间较大的官员在任职初期受晋升激励影响较大，随着任期延长晋升激励减弱，他的行为出现的波动幅度也会较大，导致企业贷款增长率随任期而降低的趋势更为明显。表3.6模型2的结果显示，来源异地会加强官员任期与企业贷款增长率之间的负相关关系，H3-4a成立。这说明来自外地的官员在任职初期受晋升激励影响较大，随着任期延长晋升激励减弱，他的行为出现的波动幅度也会较大，导致企业贷款增长率随任期而降低的趋势更为明显。表3.6模型3的结果显示，企业的国有产权性质会加强官员任期与企业贷款增长率之间的负相关关系，H3-5a成立。这说明国有企业受官员行为的影响更为明显，当官员的行为因任期内晋升激励的变化发生改变时，企业随之出现的波动更为明显，也就是说，国有企业的贷款增长率随任期而降低的趋势更为明显。

表 3.6　　城市官员与企业贷款增长率分组检验

| 因变量 = loan growth | | | | | | |
|---|---|---|---|---|---|---|
| VARIABLES | 模型 1 | VARIABLES | 模型 2 | VARIABLES | 模型 3 |
| tenure | -0.034<br>(-0.86) | tenure | -0.091<br>(-1.22) | tenure | -0.058*<br>(-1.66) |
| remain | 0.264<br>(1.13) | nonlocal | 0.332<br>(1.36) | state | 0.178<br>(0.89) |
| remain × tenure | -0.038*<br>(-1.74) | nonlocal × tenure | -0.054**<br>(-2.65) | state × tenure | -0.005**<br>(-2.09) |
| size | 0.000<br>(0.45) | size | 0.000<br>(0.35) | size | 0.000<br>(0.15) |
| mb | -0.008<br>(-1.39) | mb | -0.008<br>(-1.41) | mb | -0.008<br>(-1.40) |
| tangible ratio | -0.328<br>(-0.34) | tangible ratio | -0.356<br>(-0.37) | tangible ratio | -0.369<br>(-0.39) |
| roa | -1.350**<br>(-2.36) | roa | -1.354**<br>(-2.35) | roa | -1.335**<br>(-2.35) |
| corage | -0.007<br>(-0.71) | corage | -0.009<br>(-0.96) | corage | -0.007<br>(-0.71) |
| Constant | -0.046<br>(-0.05) | Constant | 0.455<br>(0.45) | Constant | 0.107<br>(0.11) |
| 年度 | 控制 | 年度 | 控制 | 年度 | 控制 |
| 行业 | 控制 | 行业 | 控制 | 行业 | 控制 |
| 城市 | 控制 | 城市 | 控制 | 城市 | 控制 |
| 公司 | 控制 | 公司 | 控制 | 公司 | 控制 |
| Observations | 8519 | Observations | 8519 | Observations | 8519 |
| Adjusted R-squared | 0.011 | Adjusted R-squared | 0.011 | Adjusted R-squared | 0.011 |

注：** $p<0.05$，* $p<0.1$。

## 3.4.3 地方官员与企业借款成本

在这一部分,本章考察地方官员对地区企业借款成本的影响,控制年度、行业、公司、城市固定效应之后的检验结果如表3.7所示。表3.7的第1列结果显示的是地方官员特征与企业借款成本的单变量回归结果,与分析结果相一致,任期与企业借款成本之间显著正相关,且这一关系在10%的水平上显著,说明随着任期的延长,官员干涉银行行为、推动经济发展的动机减弱,企业获得融资的支持力度减弱,企业借款成本上升。表3.7的第2列显示的是控制企业特征之后的回归结果,在控制影响企业借款成本的其他因素之后,任期与企业借款成本之间依旧在5%的水平上显著正相关。H3-2成立。

表3.7　　城市官员与企业借款成本

| | 因变量 = debt cost | |
| --- | --- | --- |
| VARIABLES | (1)<br>单变量 | (2)<br>多变量 |
| tenure | 0.025*<br>(1.77) | 0.004**<br>(2.26) |
| size | | -0.210***<br>(-6.20) |
| mb | | -0.001<br>(-0.88) |
| lev | | 1.587***<br>(8.37) |
| spread | | -0.000<br>(-1.14) |
| intcov | | -0.000*<br>(-1.86) |

续表

| | 因变量 = debt cost | |
|---|---|---|
| VARIABLES | (1)<br>单变量 | (2)<br>多变量 |
| growth | | -0.001<br>(-1.43) |
| prime | | 0.498***<br>(5.39) |
| Constant | 3.198***<br>(9.10) | 4.063***<br>(5.49) |
| 年度 | 控制 | 控制 |
| 城市 | 控制 | 控制 |
| 公司 | 控制 | 控制 |
| 行业 | 控制 | 控制 |
| Observations | 8519 | 8519 |
| Adjusted R-squared | 0.068 | 0.139 |

注：\*\*\* p<0.01，\*\* p<0.05，\* p<0.1。

接下来，本章考察官员来源、晋升空间以及企业的产权性质是否会影响官员任期与企业借款成本之间的关系，结果如表3.8所示。表3.8模型1的结果显示，晋升空间会加强官员任期与企业贷款增长率之间的负相关关系，H3-3b成立。这说明晋升空间较大的官员在任职初期受晋升激励影响较大，随着任期延长晋升激励减弱，他的行为出现的波动幅度也会较大，导致企业贷款增长率随任期而降低的趋势更为明显。表3.8模型2的结果显示，来源异地并未加强官员任期与企业贷款增长率之间的负相关关系，H3-4b未得到支持，本章没有找到证据支持来源异地的官员任期内晋升激励的变化，对企业借款成本影响更大的说法。表3.8模型3的结果显示，企业的国有产权性质未加强官员任期与企业贷款增长率之间的负相关关系，H3-5b也未能得到支持，本章不能认定国有企业受官员晋升激励的影响更明显。

### 表 3.8　　城市官员与企业借款成本的分组检验

| 因变量 = debt cost | | | | | | |
|---|---|---|---|---|---|---|
| VARIABLES | 模型 1 | VARIABLES | 模型 2 | VARIABLES | 模型 3 |
| tenure | -0.015<br>(-0.74) | tenure | 0.036<br>(0.88) | tenure | 0.010*<br>(1.77) |
| remain | -0.023<br>(-0.26) | nonlocal | -0.040<br>(-0.44) | state | -0.265**<br>(-2.34) |
| remain × tenure | 0.038*<br>(1.73) | nonlocal × tenure | 0.031<br>(0.76) | state × tenure | -0.017<br>(-0.64) |
| size | -0.208***<br>(-6.15) | size | -0.211***<br>(-6.21) | size | -0.178***<br>(-5.15) |
| mb | -0.001<br>(-0.93) | mb | -0.001<br>(-0.88) | mb | -0.001<br>(-0.68) |
| lev | 1.576***<br>(8.35) | lev | 1.598***<br>(8.44) | lev | 1.636***<br>(8.61) |
| spread | -0.000<br>(-1.16) | spread | -0.000<br>(-1.12) | spread | -0.000<br>(-1.14) |
| intcov | -0.000*<br>(-1.86) | intcov | -0.000*<br>(-1.87) | intcov | -0.000*<br>(-1.91) |
| growth | -0.001<br>(-1.44) | growth | -0.001<br>(-1.40) | growth | -0.001*<br>(-1.80) |
| prime | 0.520***<br>(5.60) | prime | 0.471***<br>(5.13) | prime | 0.420***<br>(4.50) |
| Constant | 3.877***<br>(5.19) | Constant | 4.262***<br>(5.68) | Constant | 3.938***<br>(5.34) |
| 年度 | 控制 | 年度 | 控制 | 年度 | 控制 |
| 行业 | 控制 | 行业 | 控制 | 行业 | 控制 |
| 城市 | 控制 | 城市 | 控制 | 城市 | 控制 |
| 公司 | 控制 | 公司 | 控制 | 公司 | 控制 |
| Observations | 8519 | Observations | 8519 | Observations | 8519 |
| Adjusted R-squared | 0.140 | Adjusted R-squared | 0.139 | Adjusted R-squared | 0.147 |

注：*** $p<0.01$，** $p<0.05$，* $p<0.1$。

## 3.5 进一步讨论

通过 3.4 部分的实证检验，本章发现，用任期衡量的官员晋升激励确实会对企业的贷款情况产生影响：官员的晋升激励越大，干涉银行行为以扶持企业发展、推动地区经济发展、做出政绩的动机越强，企业获得贷款的概率越大，贷款增长的速度越快；当官员的晋升激励随任期的延长而下降时，官员推动经济发展的动机减弱，对企业的干涉力度下降，给予企业的扶持力度减弱，企业贷款增长速度下降。那么官员对企业贷款的这种干涉纯粹只是一种"寻租"行为呢？还是会对企业的资金配置效率也产生影响呢？

首先，本章探讨新增信贷的投向。根据 Schumpeter（1912）的观点，银行可以通过放款决策来调节资本配置及相关的资本成本，并影响经济增长。在这一观点的基础上，Levine（1997）[1] 从交易成本的角度阐述了银行等金融中介对经济增长的作用路径：市场中信息成本和交易成本的存在导致了市场摩擦，市场摩擦阻止了资源的有效配置和经济的迅速增长，而金融中介的作用正在于消除市场摩擦，繁荣（证券）市场，促进（证券）保值，分担风险，提高资源配置效率，增加储蓄资金的流动性，改善公司治理机制等方面，并由此推动资本积累和技术进步，最终推进了经济增长。Levine 和 Zervos（1998）在使用证券市场发展指标和银行部门发展指标衡量金融发展的基础上，使用 1976~1993 年 42 个国家的样本对金融发展与地区经济增长之间的关系进行了检验，发现证券市场和银行部门的发展都与未来的地区经济增长显著相关。Rajan 和 Zingales（1998）使用行业对金融发展的相关指数对美国样本进行了研究，结果发现，相比老公司的扩张，

---

[1] Levine, R. E., Financial development and economic growth: views and agenda [J]. Journal of economic literature, 1997, Vol. 35 (2): 688–726.

金融发展对新公司增长的影响更为明显,说明金融体系推动经济增长的主要路径之一是促进新生企业的成长。李科等(2011)① 也为金融发展推动经济发展的理论提供了实证证据,他们发现新金融工具的出现能够显著提高企业的融资能力和投资能力,减少企业的融资约束,企业业绩也因此得到了大幅度提升。根据这些研究,本章发现,银行贷款对地区经济的推动作用是通过缓解企业融资约束,提高资源配置效率,改善公司经营业绩的途径达到的。那么,本章可以合理预期,当地方官员出于推动地区发展的目的对银行贷款行为进行干涉时,新增银行贷款将更多地投向融资约束问题较严重和发展能力较好的企业,更好地帮助他们缓解发展过程中面临的融资约束问题。按照这一分析,本章将官员上任前一年企业的融资约束情况和发展能力作为分组依据,考察不同组别的企业是否会面临不同程度的银行贷款增长:若官员对银行贷款的干涉是出于推动经济发展的动机,那么在官员干涉下企业银行贷款高速增长时,相比于融资约束问题较轻的企业,之前融资约束问题较为严重和发展能力较好的企业将面临更为快速的银行贷款增长;反之,若官员对银行贷款的干涉只是一种"寻租"行为,那么企业的融资约束问题和发展能力将不会影响企业银行贷款的增长情况。

参照融资约束的相关文献(李增全等,2008;李科等,2011②),本章用公司规模(总资产)和企业的现金存量(现金/总资产)衡量企业的融资约束程度,并对样本进行分组,其中公司规模较小、现金存量较低的样本面临的融资约束问题较为严重。表3.9 中的 Panel A 显示的是按照融资约束进行分组后的银行贷款增长率差异性检验,结果发现,不管是以规模还是现金存量衡量融资约束,融资约束问题较严重的样本的银行贷款增长率更大,说明官员干涉下的银行贷款并非只是一种"寻租"行为,而是有目的地帮助企业缓解融资约束问题,

---

①② 李科,徐龙炳. 融资约束,债务能力与公司业绩[J]. 经济研究,2011(5):61-73.

促进企业发展。同时,参照公司治理的有关文献,本章用市账比(市值与净资产的比值)和增长率(每股收益增长率)衡量企业的发展能力,并对样本进行分组,其中市账比较大、增长率较高的样本发展能力更好。表3.9中的Panel B显示的是按照发展能力进行分组后的银行贷款增长率差异性检验,结果发现,发展能力较高的一组银行贷款增长率要显著高于发展能力较低的一组,说明官员干涉下的银行贷款更多地投向了发展能力更好的公司。

表3.9　　　　　　银行贷款增长速度差异性检验

Pannel A:按融资约束的分组差异性检验

| 分组变量 | 融资约束组 均值 | 非融资约束组 均值 | t值 | z值 |
| --- | --- | --- | --- | --- |
| 规模 | 0.004 | 0.001 | 2.045** | 4.573*** |
| 现金/总资产 | 0.002 | 0.001 | 1.687* | 1.921** |

Pannel B:按发展能力的分组差异性检验

| 分组变量 | 高发展能力 均值 | 低发展能力 均值 | t值 | z值 |
| --- | --- | --- | --- | --- |
| 市账比 | 0.004 | 0.001 | 2.705*** | 2.612*** |
| 每股收益增长率 | 0.004 | 0 | 2.023** | 2.544*** |

注:z值为Wiconson秩检验统计量;*** $p<0.01$,** $p<0.05$,* $p<0.1$。

表3.9的检验结果显示,在官员的对银行贷款的干涉并非只是一种政治"寻租"行为,而是有目的地帮助企业解决融资约束问题,促进企业发展。进一步,本章探讨银行贷款对企业的治理作用。根据有关债务治理文献,负债要求的本息支付可以减少经理人可支配的自由现金流,抑制其过度投资的冲动,同时债权人还可以通过在债务合同中增加限制条款,限制经理人的一些消极行为(在职消费、过度投资等),降低企业的代理成本,提高企业的治理效率,增加企业价值。但是,由官员的政治晋升激励带来的企业债务结构的变化会对企业的治理效率产生影响吗?在这里,本章进一步讨论了官员任期对企

业债务治理效率的影响。用企业的资产收益率、管理费用率以及资产周转率代表企业的经营效率，本章检验了债务治理效率与官员任期之间的关系。

如表3.10所示，官员任期对企业的债务治理效率确实存在影响，主要表现在资产收益率和资产周转率两个方面。表3.10的第1列显示的是用资产收益率衡量企业经营效率的结果，银行债务的增加能够显著提高企业的经营效率，但官员任期却会削弱银行债务对企业经营效率的改善作用。表3.10的第2列显示的是用管理费用率衡量企业经营效率的结果，本章并没有发现显著结果。表3.10的第3列显示的是用资产周转率衡量企业经营效率的结果，本章发现银行债务的增加能够显著提高企业的资产周转率，但官员任期却会削弱银行债务对企业资产周转率的改善作用。这一结果说明，随着官员任期的延长，银行债务的治理效率也随之下降，证明了由官员晋升激励导致的企业银行贷款增加不只是简单的政治"寻租"行为，它还能够提高银行贷款的资金配置效率，而随着官员任期的延长，企业银行贷款增长的速度下降，其对公司的治理作用也下降。

表3.10 城市官员与企业治理效率

| VARIABLES | （1）<br>净资产收益率 | （2）<br>管理费用率 | （3）<br>资产周转率 |
| --- | --- | --- | --- |
| debt | 0.970 *** <br> (3.53) | -0.600 <br> (-1.32) | 13.511 ** <br> (2.17) |
| tenure | -0.021 *** <br> (-2.58) | 0.001 <br> (0.06) | -0.495 *** <br> (-2.68) |
| debt × tenure | -0.376 *** <br> (-5.30) | 0.002 <br> (0.01) | -4.942 *** <br> (-3.08) |
| size | 0.129 *** <br> (9.33) | -0.143 *** <br> (-6.27) | 0.345 <br> (1.11) |
| lev | -1.036 *** <br> (-13.54) | 1.062 *** <br> (8.44) | 3.601 ** <br> (2.09) |

续表

| VARIABLES | (1)<br>净资产收益率 | (2)<br>管理费用率 | (3)<br>资产周转率 |
|---|---|---|---|
| corage | 0.000<br>(0.01) | 0.002<br>(0.29) | -0.079<br>(-1.11) |
| Constant | -2.317***<br>(-7.59) | 2.951***<br>(5.87) | -10.673<br>(-1.55) |
| 行业 | 控制 | 控制 | 控制 |
| 年度 | 控制 | 控制 | 控制 |
| 城市 | 控制 | 控制 | 控制 |
| 公司 | 控制 | 控制 | 控制 |
| Observations | 8464 | 8464 | 8464 |
| Adjusted R-squared | 0.131 | 0.110 | 0.169 |

注：*** $p<0.01$，** $p<0.05$。

## 3.6 稳健性检验

为证实以上结果的稳健性，本章将从以下几个方面进行稳健性检验。

### 3.6.1 内生性检验

为解决上述回归中可能存在的内生性问题，本章将采用两阶段模型进行回归分析，并将城市经济增长的省内排名作为工具变量引入模型中来。根据官员锦标赛理论，官员晋升的主要考核指标就是地区的经济增长。根据周黎安（2010，2011）的分析，政治晋升是一条不进则退的单行线：地方官员从最低的职级一级一级地向上晋升，面临着来自其他官员的激烈竞争，一旦竞争失败就意味着永远没有机会或者出局，所以经济增长的相对排名就显得极为重要。并且根据地方官

## 第3章 地方官员晋升激励与企业贷款

员异地交流的有关管理办法,地市级及以下官员的交流原则上在省内进行,所以使用经济的省内排名能够很好地描述官员面临的竞争形势。而且这一排名相对于企业的其他特征来说是无关的,满足了工具变量的选择要求。所以本章将这一排名作为工具变量,衡量官员实际面临的晋升激励以解决回归中可能存在的内生性问题。

表 3.11 是地方官员与企业贷款增长率的两阶段回归结果,本章发现,官员任期与企业贷款增长率之间的负相关关系依旧显著,与之前的结果一致。

表 3.11 城市官员特征与企业贷款增长率的两阶段检验

| VARIABLES | 第一阶段<br>因变量为 tenure | | 第二阶段<br>因变量为 loan growth |
|---|---|---|---|
| Instrument | 0.051*** <br> (5.28) | tenure | −1.118* <br> (−1.68) |
| size | −0.062*** <br> (−3.06) | size | 0.304*** <br> (3.78) |
| mb | 0.001 <br> (1.43) | mb | −0.006* <br> (−1.80) |
| tangible ratio | −0.497 <br> (−1.59) | tangible ratio | −2.118* <br> (−1.84) |
| roa | 0.048 <br> (0.23) | roa | −2.258 <br> (−0.10) |
| corage | −0.012** <br> (−2.51) | corage | −0.006 <br> (−0.34) |
| Constant | −176.247*** <br> (−7.94) | Constant | −146.746 <br> (−1.34) |
| 年度 | 控制 | 年度 | 控制 |
| 城市 | 控制 | 城市 | 控制 |
| 公司 | 控制 | 公司 | 控制 |
| Observations | 8415 | Observations | 8415 |
| Adjusted R−squared | 0.010 | R−squared | 0.007 |

注:***$p<0.01$,**$p<0.05$,*$p<0.1$。

表 3.12 是地方官员与企业借款成本的两阶段回归结果,本章发现,官员任期与企业借款成本之间的正相关关系依旧显著,与之前的结果一致。

**表 3.12　城市官员特征与企业借款成本的两阶段检验**

| VARIABLES | 第一阶段<br>因变量为 tenure | VARIABLES | 第二阶段<br>因变量为 debt cost |
|---|---|---|---|
| Instrument | 0.038 ***<br>(3.81) | tennueyear | 0.044 **<br>(2.20) |
| size | -0.071 ***<br>(-3.29) | size | -0.202 ***<br>(-8.21) |
| mb | 0.001<br>(1.28) | mb | -0.001<br>(-0.79) |
| lev | 0.259 **<br>(1.97) | t30100 | 1.125 ***<br>(9.12) |
| spread | 0.000 **<br>(2.05) | spread | -0.000<br>(-1.01) |
| intcov | 0.000<br>(0.37) | T31101 | -0.000 ***<br>(-6.55) |
| growth | 0.000<br>(0.18) | t81102 | -0.001<br>(-0.63) |
| prime | -0.112 ***<br>(-3.15) | prime | 0.477 ***<br>(12.14) |
| Constant | -105.844 ***<br>(-5.17) | Constant | -35.759<br>(-1.20) |
| 年度 | 控制 | 控制 | 年度 |
| 城市 | 控制 | 控制 | 城市 |
| 公司 | 控制 | 控制 | 公司 |
| 行业 | 控制 | 控制 | 行业 |
| Observations | 6978 | Observations | 6978 |
| R-squared | 0.010 | R-squared | 0.061 |

注: *** $p<0.01$, ** $p<0.05$。

## 3.6.2 "援助之手"or"攫取之手"

本章的隐含假设是官员的奋斗目标是获得晋升，他们的行为受晋升激励影响，所以他们才会对地区经济增长如此重视，并对银行行为进行干涉，以推进地区经济发展，帮助企业获得更多融资，降低企业借款成本，帮助企业实现更多的经济效益，此时他们将表现为"援助之手"。但事实上，还存在这样一种可能，官员的目的并不在于推动地区发展以获得晋升，而是为了自身享受和在职消费（田伟等，2009）[①]，纯粹是为了私利，那么他们将表现为"攫取之手"。由于动机的不同会导致行为的差异，追求个人私利的官员对地方经济发展将不会如追求晋升的官员那么关注，行为表现也会不同。所以为避免此类官员对研究结果可能造成的影响，本章将官员被双规和撤职的样本从样本中剔除出去，回归结果与前面一致。

## 3.6.3 其他官员的影响

在城市发展过程中，每个城市除了有市委书记这个"一把手"为地区发展掌舵之外，市长也对地区的经济发展负责，市长的晋升也会与地区经济增长挂钩，市长的行为也是地方政府行为的子集，也会影响地区的经济发展。考虑到市长对经济的影响，本章将市长任期作为控制变量添加到回归模型中，结果依旧与前面保持一致，而且市长任期这一变量与企业贷款增长率、企业借款成本之间的关系并不显著。

---

[①] 田伟，田红云.晋升博弈，地方官员行为与中国区域经济差异[J].南开经济研究，2009（1）：133-152.

## 3.7 结　　论

为考察政治因素对地区企业信贷、借款成本的影响，以期对政治与经济之间的互动有一个更好的了解，本章搜集了2004～2011年平均每年250多个城市市委书记的个人资料，用官员任期衡量官员感受到的晋升激励，本章检验了地方官员任期对地区企业信贷的影响。本章还考察了官员的其他特征，如年龄、来源，对地区企业信贷的影响。同时，本章考察了官员任期对企业借款成本的影响，以验证官员行为给企业带来的经济后果。

结果显示，任期与企业贷款增长率之间负相关，与企业借款成本之间正相关，即随着任期的延长，晋升激励强度下降，官员扶持企业发展以促进经济发展的动力减弱，企业获得贷款的难度增大，企业贷款增长率下降，借款成本上升；年龄和来源也对官员的晋升激励存在影响，来自外地、晋升空间较大的官员受晋升影响较大，对企业贷款增长率的影响更为明显，而且国有企业的贷款增长受官员影响更大。但对企业借款成本进行的分组检验却没有验证本章的所有推论，只发现晋升空间会对企业借款成本的影响更明显。通过对地区企业贷款、借款成本与官员任期之间的关系进行研究，本章发现地方官员促进地区发展的途径之一是对银行的行为进行干涉，帮助企业获得更多、成本更低的贷款。

进一步，本章还考察了官员干涉下的银行贷款投向和贷款的公司治理作用，根据金融发展促进经济发展的相关理论，金融发展促进经济发展的途径是帮助企业缓解融资约束，实现企业发展，改善企业业绩。根据这一理论，官员为了推动经济发展而对银行贷款进行干涉，那么因此而新增的银行贷款更需要资金的企业，也就是那些融资约束问题比较严重、发展能力较好的企业。只有投向了这些企业，银行贷款才能真正实现推动经济发展的目的。因此,本章对企业的贷款增长率按照融资约束程度和发展能力进行了分组差异性检验,结果发现,银行贷款果然更多地投向了融资约束比较严重和发展能力较好的企业,这说明官员对银行贷款的干涉不是一种政治"寻租"行为,而是出于帮助企业缓解融资约束,推动企业发展,并最终实现地区经济发展。在这一基础上,本章还对银行贷款的公司治理作用进行了检验,结果发现,银行贷款的增加能够显著提高企业的经营效率,但官员任期却会削弱银行债务对企业经营效率的改善作用。这一结果也说明了官员对银行贷款的干涉是出于提高企业业绩、推动地区发展的经济目的,而不是单纯的政治"寻租"行为,而且随着任期的延长,官员晋升激励减弱,推动经济发展的动机减弱,银行贷款的治理作用也随之下降。

地方官员晋升激励
与公司治理
Chapter 4

# 第 4 章　地方官员晋升激励与会计稳健性

## 4.1 引　　言

会计稳健性，又称为谨慎性原则，是会计信息的主要特征之一。Ball（2000）[1] 指出，与稳健性相关的经济损失或坏消息的及时确认是财务报告最重要的特征，这对保护投资人权益具有重要的意义。有关会计稳健性的研究已成为资本市场会计研究的热点领域。大量文献对会计稳健性的影响因素（La Porta et al.，2002[2]；Watts，2003；Bushman et al.，2006[3]）、计量方法（Basu，1997；Khan and Watts，2009[4]）进行了分析和检验。Kwon，Newman and Suh（2001）运用标准的委托代理理论正式地分析了会计稳健性的经济需求，提出了代理假说，其核心概念为契约限制，即委托人通过契约限制解决代理问题存在有限性。当委托人通过契约机制向代理人施加的惩罚相对有限时，为了对代理人实施最优的激励和奖酬，企业将会选择稳健的会计系统。Watts（2003）则提出上市公司的会计稳健性水平主要是由契约、诉讼、税收、管制等四个方面的需求决定的。沿着这一方向，诸多文献就公司治理特征（Ahmed et al.，2007）、行业竞争程度（Huang et al.，2011）、与供应商和客户的谈判能力（Kai Wai Hui et al.，2011）以及董事会效率（Yanmin Gao et al.，2012）等因素对

---

[1] Ball, R., Kothari, S. P., Robin, A. The effect of international institutional factors on properties of accounting earnings [J]. Journal of Accounting and Economics, 2000, Vol. 29 (1). 1 – 51.

[2] La Porta, R., Shleifer, A., Vishny, R. Investor protection and corporate valuation [J]. The Journal of Finance, 2002, Vol. 57 (3). 1147 – 1170.

[3] Bushman, R. M., Piotroski, J. D. Financial reporting incentives for conservative accounting. The influence of legal and political institutions [J]. Journal of Accounting and Economics, 2006, Vol. 42 (1 – 2). 107 – 148.

[4] Khan, M., Watts, R. L. Estimation and empirical properties of a firm – year measure of accounting conservatism [J]. Journal of Accounting and Economics, 2009, Vol. 48 (2/3). 132 – 150.

## 第4章 地方官员晋升激励与会计稳健性

会计稳健性的影响进行了研究,并为这些因素对会计稳健性的影响和作用路径提供了大量证据。同时,更多学者开始关注制度环境对会计稳健性的影响。La Porta 等(2002)[①]通过跨国研究样本发现出,由于不同国家投资者保护力度的不同,企业会采用不同程度的稳健性会计以实现投资者利益的最优化。Bushman 等(2006)则分析了政治因素对企业会计政策选择产生的影响,发现当企业面临不同的政治环境时,他们会选择不同水平的会计稳健性以规避政治风险,降低可能发生的政治成本,实现企业价值的最大化。Ramanna 等(2010)[②]更发现,在选举期,与候选人存在关联的企业会通过操纵盈余应计项来逃避由政治监管可能带来的负面后果,降低政治成本。然而,考虑到我国特殊的经济背景制度,企业与政府之间更为紧密的关系,研究政治因素对我国企业会计稳健性的影响将具有更大的指导意义。

我国以经济发展为主要考核指标的晋升制度决定了政府官员干预地方经济强烈动机,地方政府享有的行政审批、监管等权利又赋予了政府官员干预地方经济的强大能力,这使得我国企业受到政治因素的影响要更为强烈。Ramanna 等(2010)[③]和 Kido 等(2012)[④]已经就政治因素对会计稳健性的影响进行了证明。而在我国,政治因素对企业会计稳健性的影响可能更为直接和明显。以第3章中的分析为例,地区的经济发展最终要落实到单个的企业行为中来,如地区的金融发展分解到单个企业层面,就会表现为企业融资能力的提高,获得贷款的难度降低,而企业获得贷款的能力提高时,由银行贷款契约决定的

---

① La Porta, R., Shleifer, A., Vishny, R. Investor protection and corporate valuation [J]. The Journal of Finance, 2002, Vol. 57 (3). 1147 – 1170.

②③ Ramanna, K., Roychowdhury, S. Elections and discretionary accruals. Evidence from 2004 [J]. Journal of Accounting Research, 2010, Vol. 48 (2). 445 – 475.

④ Kido, N., Petacchi, R., Weber, J. The influence of elections on the accounting choices of governmental entities [J]. Journal of Accounting Research, 2012, Vol. 50 (2). 443 – 476.

会计稳健性水平就会降低，最终企业就会选择较低稳健性水平的会计政策。但以往研究在考察政治因素对企业会计稳健性的影响时，多将政府视为一个不变的主体，其通过自身行为对政策制度因素的影响作用于经济。但事实上，政府是由多个官员组成的整体，政府行为就是这些官员行为的合集，政府官员的不同行为都将导致政府行为的调整。同时，政府官员的组成由于选举、调动等因素的影响是不断变化的，这种变化也会导致政府行为的改变。因此，在研究政府行为时不考虑官员的自身特征和环境因素的影响，将很难真正理解政府行为的动机、后果以及对经济的影响。所以本章将会从地方官员的角度，考察官员特征对企业会计稳健性的影响，从这一角度来研究政治因素对企业会计政策选择的影响，以期对政治与经济之间的互动有一个更好的了解。

本章以2004~2011年市级层面的数据为研究样本，考察了地方官员特征（任期、来源、剩余工作年限等）对企业会计稳健性的影响后发现，任期与企业会计稳健性水平之间正相关，即，随着任期的延长，晋升激励强度下降，官员推进金融发展以促进经济发展的动力减弱，市场对企业会计稳健性需求上升，企业会计稳健性水平随之上升；晋升空间和来源也对官员的晋升激励存在影响，来自外地、晋升空间较大的官员受晋升影响较大，其任期对企业会计稳健性水平的影响也更明显。

与以往研究相比，本章从以下几个方面丰富了现有文献：一是将政府对企业行为的影响推进到了官员个人层次，有助于大家更好地了解政治动机对企业行为的影响路径。与以往研究就政府视为一个整体不同，本章从官员个人特征对晋升激励的影响入手，揭示了官员对地区经济、企业行为进行干涉的根本原因。二是通过对地方官员特征与企业会计稳健性关系的研究，帮助大家更好地了解了政治因素影响企业行为的路径。与以往直接单纯研究政策变动或政府换届对企业行为的模式相比，本章找到了政治因素影响企业行为的路径之一，官员通过影响会计稳健性的需求来影响企业的会计稳健性水平，为官员特征与企业会计稳健性之间的关系提供了直接证据。三是将我国政治因素对企业影响的研究拓展到了市级官员层面，有助于本章从根源上了解官员与企业之间的作用机制。以往对官员与地区经济的研究大多停留在省级层面（林毅夫等，2007[①]；王贤彬等，2009[②]），但与省级官员相比，市级官员与企业发生直接接触的机会更多，业绩考核受地区经济的影响更大，对经济进行直接干预的可能更大，影响也更直接，所以研究市级官员对企业的影响有助于本章从根本上了解官员特征、行为与企业行为之间的作用机制。

## 4.2 理论分析与假设

政治波动的存在，势必会影响财务报告信息披露的质量，在会计准则或制度之外，对会计信息质量产生影响。稳健性是会计信息质量特征的重要指标，在企业与外界签订契约时，发挥着重要作用。研究政治因素对会计稳健性的影响，对资本市场会计研究具有重要的意义。而我国特殊的经济制度背景，使政治因素对会计稳健性产生的影响更大，因此推进这方面的研究更具指导意义。

Watts（2003）指出契约、诉讼、税收、政治成本是影响会计稳健性需求的重要因素。当企业与债权人签订契约时，债权人会对会计稳健性水平提出要求，并对不同的会计稳健性水平要求相应的风险回报；当所处的环境诉讼风险较高时，企业会自觉提高会计稳健性水平，以规避诉讼可能带来的损失；而税收对会计稳健性的影响就更为

---

① 林毅夫，张军，高远. 官员任期、异地交流与经济增长——来自省级经验的证据[J]. 经济研究，2007（11）：91-103.
② 王贤彬，徐现祥，李郇. 地方官员更替与经济增长[J]. 经济学（季刊），2009（4）：1301-1328.

直接，出于避税目的，企业会自觉采用稳健性会计政策以获取递延收益（La Porta et al.，2002）[①]。Ball（2003）通过对东亚四个地区的样本进行检验发现，相比地区法律因素，管理层和审计师出于自身目标的动机对会计稳健性的影响更大。Bushman 等（2006）[②] 分析了政治因素对企业的会计政策选择产生影响的路径：当政府的行为更支持"掠夺之手"假说时，企业更有意愿去使用稳健性会计政策，以避免政府对公司利益的剥夺；当政府行为更支持"扶持之手"假说时，企业更有意愿使用更为激进的会计政策使公司业绩看起来更为乐观，避免因业绩过差而受到政府的干预（国有化或更换高管）。同时，他们还发现，当政府更有意愿促进企业发展，并对企业的行为干预程度更高时，此时企业更有动机去迎合政府的这样一种发展势头，对好消息更愿意及时确认，会计稳健性水平降低。Ramanna 等（2010）[③] 以美国2004年大选为研究窗口，考察了选举对企业会计稳健性水平的影响，结果发现，当外包业务成为选举活动关注的热点问题时，为避免选举期间对外包业务的监管给企业和企业所在阵营的选举人带来消极影响，降低企业的政治成本，企业将向下操纵盈余应计项以减少企业当期收入。Kido 等（2012）[④] 以美国2000～2008年的州数据为研究样本，考察了州长选举对企业会计选择的影响，结果发现：在选举期间，企业的会计稳健性水平有所上升，企业补偿金账户和养老金账户中的应计项目规模会有所减少，而且这些应计项目的变化幅度会受

---

[①] La Porta, R., Shleifer, A., Vishny, R. Investor protection and corporate valuation [J]. The Journal of Finance, 2002, Vol. 57 (3). 1147 – 1170.

[②] Bushman, R. M., Piotroski, J. D. Financial reporting incentives for conservative accounting. The influence of legal and political institutions [J]. Journal of Accounting and Economics, 2006, Vol. 42 (1 – 2). 107 – 148.

[③] Ramanna, K., Roychowdhury, S. Elections and discretionary accruals. Evidence from 2004 [J]. Journal of Accounting Research, 2010, Vol. 48 (2). 445 – 475.

[④] Kido, N., Petacchi, R., Weber, J. The influence of elections on the accounting choices of governmental entities [J]. Journal of Accounting Research, 2012, Vol. 50 (2). 443 – 476.

到执政党的选举动机、州政府独立审计机构和独立管理机构的影响。这些研究都证实了政治因素对会计稳健性产生影响，但这样的研究角度是由国外较为健全的市场机制决定的。在市场机制作用下，政治因素将以政治不确定性的形式影响市场参与者对市场风险的判断，进而影响企业行为（会计政策选择、投资决策）和地区经济走势。而我国独特的政治、市场环境却决定了政治因素对市场的不同影响机制。

在我国，以经济增长为主要考核指标的官员考核体系决定了政府官员对地区经济的重视，而只有企业发展良好，才能带动地区经济的发展。此时，政府的行为更符合"扶持之手"假说。而在他们这种态度的影响下，企业也更有意愿去改善企业业绩，不论是以真实的经营手段，还是会计手段。杜兴强等（2012）[①]就公司的政治关联对会计稳健性的影响进行了研究，发现政治关联显著降低了民营公司的会计稳健性水平。陈艳艳等（2013）[②]也发现政治关联会降低企业的会计稳健性水平。因此本章认为由于官员的目的是促进经济发展，获得政治晋升，因此他们会鼓励企业大力发展，并相应地提高资金、政策支持，进而影响企业的会计政策选择，最终导致企业会计稳健性水平下降，其作用路径如图4.1所示。

首先，为促进企业发展，地方官员会力图帮助企业获得更多的资金以实现发展。由于我国银行大多具有国有股权，银行的信贷行为受到地方官员行为的影响（Dinc，2005）[③]。出于政治晋升的目的，新任地方官员需要区域经济更快更好发展，会要求银行提供更多的信贷

---

① 杜兴强，曾泉，吴洁雯. 官员历练、经济增长与政治擢升——基于1978~2008年中国省级官员的经验证据［J］. 金融研究，2012（2）：30-47.

② 陈艳艳，谭燕，谭劲松. 政治联系与会计稳健性［J］. 南开管理评论，2013（1）：33-40.

③ Dinc, I. Politicians and banks. Political influences on government-owned banks in emerging markets［J］. Journal of Financial Economics, 2005, Vol. 77 (2). 453-479.

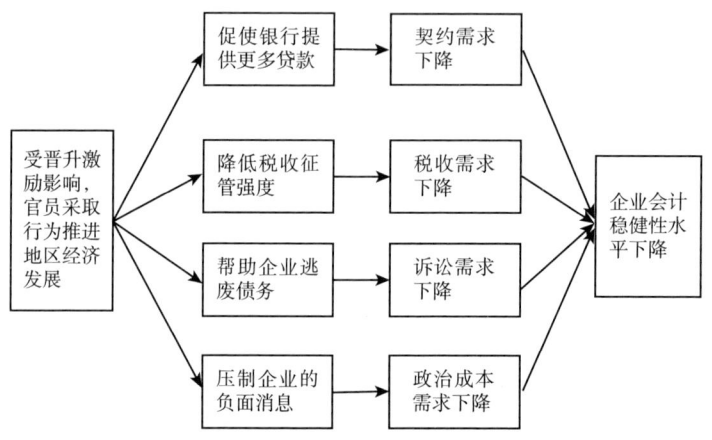

**图 4.1　官员特征对企业会计稳健性的影响路径**

支持（李维安等，2012）①。这一行为将会提高企业获得银行贷款的概率，最终降低了 Watts（2003）提出的契约对会计稳健性的需求，因此会在一定程度上降低企业的会计稳健性水平。其次，为促进企业发展，官员会通过相关的税收优惠来降低企业发展的成本。根据税收竞争假说，为更好地推动当地经济发展，地方官员会通过调整相关财政制度，降低税收征管强度以吸引资本流入、鼓励企业发展。当地方的税收征管强度下降时，Watts（2003）提出的税收对会计稳健性的需求也会下降，因此会在一定程度上降低企业的会计稳健性水平。再次，为促进企业发展，官员会使用各种手段来减轻企业发展中可能面临的诉讼后果，为他们提供司法方面的支持和援助。巴曙松（2005）② 指出，地方政府帮助企业争取更多金融资源的手段之一就是借助于当地的司法体系，协助、纵容或默许辖区内企业逃、废银行债务。这一行为将会大大降低诉讼对稳健性会计的需求，降低企业的

---

① 李维安，钱先航. 地方官员治理与城市商业银行的信贷投放 [J]. 经济学（季刊），2012（4）：1239–1260.

② 巴曙松，刘孝红，牛播坤. 转型时中国金融体系中的地方治理与银行改革的互动研究 [J]. 金融研究，2005（05）：25–37.

## 第4章 地方官员晋升激励与会计稳健性

会计稳健性水平。最后，为保持地区经济发展所表现出来繁荣局面，让有关方面对官员主导下的经济情况有一个好的印象，官员会力图压制可能存在的负面消息。例如，Bushman 等（2006）[①] 分析，当地方官员更愿意看到区域经济繁荣的局面时，企业也会配合地展示更为乐观的业绩。Piotroski 等（2015）[②] 在研究中也发现在中国"两会"期间，政治动机会使企业压制负面消息的公布。因此，本章预期地方官员的晋升激励会影响企业的会计稳健性水平，企业会通过降低会计稳健性水平来改善企业业绩。又根据"官员锦标赛"的相关理论，地方政府官员在任职初期更渴望在新的工作职位上作出新的成绩，以获得认可，增加政治晋升的概率，而随着任期的延长，晋升激励的强度也会随之下降。据此，提出第一个假设：

H4-1：地方官员的任期与企业的会计稳健性水平正相关。

本章考虑晋升空间对晋升激励的影响。由于中央对每一级别的行政干部有任职的最高年龄的限制，所以从政者必须在一定年龄升到某个级别，否则就没有机会了。例如，近年来中央对省部级干部的退休年龄规定为60岁，假设一任的时间正常为5年，这意味着一个普通从政者要逐级提升为省部级干部，在最顺利的情况下也需要20年时间，但通常来说远不止这些时间。近年来国家对干部任职的年龄要求越来越趋于年轻化，使得一轮竞争错过提拔机会就可能永远失去晋升机会，这势必使年龄成为影响官员晋升激励的因素之一。在这里，本章设定60周岁为官员的职业终点，显然，距离终点越近，官员的晋升空间越小，感知到的晋升激励水平越低。距离职业终点已经不足一个任期的一些官员，对获得提拔已经基本不抱期待，所以他们干预地

---

① Bushman, R. M., Piotroski, J. D. Financial reporting incentives for conservative accounting. The influence of legal and political institutions [J]. Journal of Accounting and Economics, 2006, Vol. 42 (1-2). 107-148.

② Piotroski, J. D., Wong, T. J., Zhang, T. Political incentives to suppress negative information. Evidence from Chinese listed firms [J]. Journal of Accounting Research, 2015, Vol. 53 (2): 405-459.

方经济行为，促进经济增长的动机会相对较弱，企业会计稳健性的各种需求受到的影响也较小。周黎安等（2014）用城市商业银行的样本考察了官员年龄对银行信贷的影响，他们发现，当地城商行的信贷规模与官员年龄呈倒"U"形关系，城商行的信贷规模随着地级市主要官员的年龄先逐渐增加然后逐渐减小；当地方官员年龄超过52岁之后，信贷规模随官员年龄的增加而减小。根据以上分析，本章可以合理推断，剩余工作年限较长，晋升空间越大的地方政府官员在任期初期面临的晋升激励更大，推动经济发展的动机更强，对金融体系的干预程度更强，企业会计稳健性的各种需求受到的影响也更显著，而随着任期的延长，晋升激励减弱的强度也会更为明显，官员行为随之变化更大，金融发展、经济发展速度出现的波动也就更大，企业会计稳健性水平也就会出现更明显的波动。因此，可以提出第二个假设：

H4-2：晋升空间较大的官员对企业会计稳健性水平影响更大。

本章考虑官员的来源对晋升激励的影响。在我国有关党政领导干部交流工作相关规定的推动下，官员的异地交流是普遍的。不少研究也发现，官员的异地交流有助于提升政府的工作效率，提升官员能力，并改善工作动机。林毅夫等（2007）[①]利用1978~2004年我国各省区市（除西藏外）的省委书记和省长的数据，考察了异地交流制度对地区经济增长的影响，结果发现，官员异地交流对经济增长有着显著的推动作用。李维安等（2012）[②]利用2006~2009年100个城市的地方官员和城商行的数据样本，发现由外地晋升的市委书记管辖范围内的城市商业银行会显著地扩张信贷。根据以上分析，本章可以合理推断，来自外地的地方政府官员在任期初期面临的晋升激励更

---

① 林毅夫，张军，高远. 官员任期，异地交流与经济增长——来自省级经验的证据 [J]. 经济研究，2007（11）：91-103.

② 李维安，钱先航. 地方官员治理与城市商业银行的信贷投放 [J]. 经济学（季刊），2012（4）：1239-1260.

大，推动经济发展的动机更强，对金融体系的干预程度更强，企业会计稳健性的各种需求在他任职初期的减少得更为明显，而随着任期的延长，晋升激励减弱的强度也会更为明显，官员行为随之变化更大，企业会计稳健性的各种需求波动较大，企业会计稳健性水平的变动幅度也会较大。因此，可以提出第三个假设：

H4-3：来自外地的官员对企业会计稳健性水平影响更大。

本章考虑企业的产权性质对会计稳健性的影响。根据相关文献，受政治因素及其他非经济因素的影响，我国政府在经济发展中更倾向于给国有企业提供更多的支持和补贴，国有企业的行为受政府影响更大。Fang Hu 等（2012）等文献也认为作为治理的外部机制，官员的晋升激励能够显著提高国有企业的治理效率。据此，提出第四个假设：

H4-4：国有企业的会计稳健性受官员任期的影响更大。

## 4.3 研究设计与样本选择

### 4.3.1 研究样本与数据来源

根据《中华人民共和国行政区划简册》，截至2013年3月，中国共有289个地级市（其中包括15个副省级城市），为了获得有关市委书记任职的详细数据，本章首先从新华网查询到各个市历任市委书记的姓名，随后从人民网地方领导资料库搜寻到各地历任市委书记的简历资料，确定各地市委书记的任职年份；在此基础上，继续通过谷歌、百度等网络搜索各地历任市委书记的简历，最终确定样本期间各地历任市委书记的变更年份和月份，以及他们的个人特征信息。

使用市委书记作为本章的研究对象，是因为作为城市的最高领导人，市委书记对地方经济拥有最高的控制权，他的任期对晋升激励的影响也就会更加明显，而这种影响最终会经由政府的行为投射到地区金融发展、企业贷款行为中，最终影响了企业自身的会计政策选择。因为许多城市数据多是从2003年开始提供的，所以最终本章得到了2004~2011年总共8297个企业年度样本分布在1556个城市年度中（样本分布见表4.1）。从来源上看，来自本地的官员占到全部官员的28.4%，来自外地的官员占到全部官员的71.6%。同时，本章从Wind数据库和CSMAR数据库搜集了每个企业2004~2011年的相关财务和治理数据。为保证结果的稳健性，本章对连续变量进行了(1%，99%)的winsorize处理。

表4.1　城市数据年度分布

| 年度 | 城市（个） | 企业（家） | 本地来源（%） | 外地来源（%） |
| --- | --- | --- | --- | --- |
| 2004 | 132 | 666 | 24.2 | 75.8 |
| 2005 | 193 | 904 | 26.4 | 73.6 |
| 2006 | 193 | 900 | 25.9 | 74.1 |
| 2007 | 199 | 946 | 28.5 | 71.5 |
| 2008 | 206 | 1056 | 35.6 | 64.4 |
| 2009 | 205 | 1117 | 27.4 | 72.6 |
| 2010 | 208 | 1219 | 26.8 | 73.2 |
| 2011 | 220 | 1489 | 30.9 | 69.1 |
| 总计 | 1556 | 8297 | 28.4 | 71.6 |

## 4.3.2　模型设定与变量定义

官员感知到的晋升激励强度会随着其任期的长度变化而变化，导致官员的行为在任期内发生变化，地区的金融、经济发展速度也随之变化，因此本章建立以企业会计稳健性指标为因变量、官员任期为自变量的回归模型。同时，考虑到官员的其他特征，如性别、学历、年龄、来源、去向等，对晋升激励存在的影响，进而对官员行为、地区

## 第4章 地方官员晋升激励与会计稳健性

经济发展产生的影响,本章将把这些特征引入回归模型中,以考察这些因素对官员行为,进而对企业会计稳健性水平造成的影响。本章设立的第一个模型如下:

$$C\_Score = \beta_0 + \beta_1 tenure + \lambda ctrl\ vars + \varepsilon \quad (4.1)$$

模型中涉及的主要变量包括:

(1) 会计稳健性。对会计稳健性的衡量,本章参照 Khan 和 Watts(2009)的做法,用 CScore 来衡量,计算方法如下:

$$\begin{aligned}X_i = &\beta_0 + \beta_1 D_i + (\mu_1 + \mu_2 size_i + \mu_3 bm_i + \mu_4 lev_i)R_i + (\lambda_1 + \lambda_2 size_i + \\ &\lambda_3 bm_i + \lambda_4 lev_i)D_i R_i + (\delta_1 size_i + \delta_2 bm_i + \delta_3 lev_i + \delta_4 D_i size_i + \\ &\delta_5 D_i bm_i + \delta_6 D_i lev_i) + \varepsilon_i \end{aligned} \quad (4.2)$$

其中,

$$CScore = \beta_4 = \lambda_1 + \lambda_2 sizei + \lambda_3 bmi + \lambda_4 levi \quad (4.3)$$

$$GScore = \beta_3 = \mu_1 + \mu_2 sizei + \mu_3 bmi + \mu_4 levi \quad (4.4)$$

CScore 衡量的是对坏消息比好消息反映更快的程度,视为公司会计稳健性的衡量指标;GScore 衡量的是公司对所有信息的反映速度,可以视为会计及时性或者信息对称性的衡量指标。

(2) 官员任期。本章用官员在任的年数(tenure)来衡量官员的任期。由于大部分官员是在年中任职的,因此参照王贤彬等(2009)的做法,若市委书记在一年的 1~5 月上任的,本章将该年定义为官员上任的第一年;若市委书记在一年的 6~12 月上任的,本章将下一年定义为官员上任的第一年。

(3) 官员的其他特征。本章用剩余任期,即距离退休年龄是否还有 1 个任期来衡量官员年龄对晋升激励的影响,根据相关文献,离退休年龄越近,官员的晋升激励越弱;官员的来源,本章将官员分为本地来源组和异地来源组,根据相关文献,来自异地的官员晋升激励较强。

(4) 控制变量。参照以往的研究文献(XiLi,2011;ChanLi,2012;Peek Cuijpers and Buijink,2006),本章在模型中控制了资产

（size）、有形资产比率（tangible ratio）、资产负债率（lev）、销售增长率（growth）、资产回报率（roa）、企业成立年限（corage）、产权性质（state）、两职合一（dual）、独董比率（ind ratio）、专业委员会（com）、四大（big4）、上一期的审计意见（opinion）等指标。变量说明见表4.2。

表4.2 变量定义

| 会计稳健性 | cscore | 计算方法参考 Khan and Watts（2009） |
|---|---|---|
| 任期 | tenure | 截至本年年底，官员在任的年数 |
| 晋升空间 | remain | 用官员的剩余工作年限来衡量，若官员的工作年限超过一个任期（5年），取值1，否则取值0 |
| 异地 | nonlocal | 官员的来源，若官员自外地调任到目前岗位，取值1，否则取值0 |
| 规模 | size | 企业总资产的对数 |
| 资产负债率 | lev | 负债与总资产的比值 |
| 有形资产率 | tangible ratio | 有形资产占总资产的比值 |
| 销售增长率 | growth | （本年销售收入－上年销售收入）/上年销售收入 |
| 资产收益率 | roa | 利润总额和财务费用之和与资产的比值 |
| 企业年限 | corage | 企业成立的年限 |
| 产权性质 | state | 企业产权性质为国有时，取值1，否则取值0 |
| 两职合一 | dual | 董事长和总经理由同一人担任时，取值1，否则取值0 |
| 独董比率 | ind ratio | 独立董事占全部董事人数的比率 |
| 专业委员会 | com | 专业委员的设立个数 |
| 四大 | big4 | 由四大事务所审计时，取值1，否则取值0 |
| 上一期审计意见 | lagopinion | 上一年的审计意见为非标意见时，取值1，否则取值0 |
| 税收征管强度 | te | 地区税收征管强度，参照叶康涛（2011），为实际征收税收与估算征收税收之比 |
| 贷款比率 | bank loan | 余明桂等（2008）、杜兴强等（2011），为贷款占资产的比率 |

### 4.3.3 描述性统计

表 4.3 是描述性统计的结果。会计稳健性 cscore 的均值和中位数分别为 0.403 和 0.469,最小值和最大值分别为 -0.526 和 1.346,说明我国企业的会计政策普遍稳健,企业间的会计稳健性分布比较均匀。官员任期的均值和中位数分别为 3.06 年和 3 年,最短的为 1 年,最长的为 10 年,说明官员任期差别很大。

表 4.3　　　　　　　　描述性统计

| variable | N | mean | sd | min | p50 | max |
| --- | --- | --- | --- | --- | --- | --- |
| cscore | 8297 | 0.403 | 0.531 | -0.526 | 0.469 | 1.346 |
| tenure | 8297 | 3.063 | 1.917 | 1 | 3 | 10 |
| size | 8297 | 21.52 | 1.121 | 17.47 | 21.41 | 26.41 |
| lev | 8297 | 0.495 | 0.203 | 0 | 0.506 | 2.555 |
| tangible ratio | 8297 | 0.953 | 0.068 | 0.16 | 0.971 | 1 |
| growth | 8297 | 2.092 | 62.11 | -7.075 | 0.098 | 4883 |
| roa | 8297 | 0.052 | 0.103 | -3.592 | 0.052 | 1.175 |
| corage | 8297 | 13.96 | 4.749 | 2 | 13 | 62 |
| dual | 8297 | 0.17 | 0.376 | 0 | 0 | 1 |
| ind ratio | 8297 | 0.359 | 0.051 | 0 | 0.333 | 0.714 |
| com | 8297 | 3.541 | 1.064 | 0 | 4 | 4 |
| big4 | 8297 | 0.045 | 0.207 | 0 | 0 | 1 |
| lagopinion | 8297 | 0.049 | 0.215 | 0 | 0 | 1 |

表 4.4 是相关性系数表。本章看到,cscore 与官员任期之间显著正相关,说明正如假设部分所分析的,企业的会计稳健性水平随官员任期的延长而提高。

表 4.4　相关系数

| | cscore | tenure | size | lev | tangible ratio | growth | roa | corage | dual | ind ratio | com | big4 | lagopinion |
|---|---|---|---|---|---|---|---|---|---|---|---|---|---|
| cscore | 1 | | | | | | | | | | | | |
| tenure | 0.026** | 1 | | | | | | | | | | | |
| size | 0.074*** | -0.011 | 1 | | | | | | | | | | |
| lev | -0.171*** | -0.003 | -0.109*** | 1 | | | | | | | | | |
| tangible ratio | -0.076*** | -0.020* | 0.077*** | 0.008 | 1 | | | | | | | | |
| growth | -0.006 | -0.01 | 0.01 | 0.001 | -0.001 | 1 | | | | | | | |
| roa | 0.051*** | 0 | 0.083*** | -0.981*** | -0.007 | 0.002 | 1 | | | | | | |
| corage | 0.144*** | -0.011 | 0.024** | 0.022** | -0.058*** | -0.011 | -0.011 | 1 | | | | | |
| dual | 0.092*** | -0.021* | -0.125*** | 0.027** | -0.004 | 0 | -0.025** | 0.021* | 1 | | | | |
| ind ratio | 0.079*** | 0.003 | -0.007 | 0 | 0.012 | 0.006 | 0.006 | 0.062*** | 0.061*** | 1 | | | |
| com | 0.175*** | 0.044*** | 0.037*** | -0.026** | -0.043*** | 0.006 | 0.007 | 0.083*** | 0.018 | 0.080*** | 1 | | |
| big4 | -0.064*** | -0.024** | 0.293*** | -0.004 | -0.063*** | -0.006 | 0.003 | 0.026** | -0.057*** | -0.004 | -0.058*** | 1 | |
| lagopinion | -0.017 | -0.021* | -0.271*** | 0.075*** | -0.079*** | 0.052*** | -0.039*** | 0.082*** | 0.015 | 0 | -0.062*** | -0.039*** | 1 |

注：*** $p<0.01$，** $p<0.05$，* $p<0.1$。

## 4.4　实证结果

在这一部分，本章考察地方官员特征对企业会计稳健性的影响，结果如表4.5所示。表4.5的第一列显示的是单变量回归的结果，任期与cscore之间显著正相关，说明在官员的任职初期，受官员动机和行为的影响，企业会计稳健性水平的需求最低，随着任期的延长，企业降低会计稳健性水平的需求逐渐加强，企业的会计稳健性水平也随之提高。表4.5的第二列显示的是控制企业特征之后的回归结果，在控制影响企业会计稳健性的其他因素之后，任期与可操纵应计之间在10%的水平上显著。

**表 4.5　　会计稳健性与官员任期**

| | 因变量 = cscore | |
|---|---|---|
| VARIABLES | (1) | (2) |
| tenure | 0.010** <br> (2.12) | 0.001** <br> (2.19) |
| size | | 0.000*** <br> (5.24) |
| lev | | -0.424*** <br> (-11.08) |
| tangible ratio | | -0.533*** <br> (-5.17) |
| growth | | -0.000 <br> (-0.83) |
| roa | | -0.241*** <br> (-3.31) |
| corage | | 0.003* <br> (1.82) |

续表

| | 因变量 = cscore | |
|---|---|---|
| VARIABLES | (1) | (2) |
| dual | | 0.057*** |
| | | (3.01) |
| ind ratio | | 0.061 |
| | | (0.44) |
| com | | -0.001 |
| | | (-0.19) |
| big4 | | 0.087** |
| | | (2.31) |
| lagopinion | | 0.155*** |
| | | (4.27) |
| Constant | 0.375*** | 0.768*** |
| | (23.08) | (6.52) |
| 行业 | 控制 | 控制 |
| 年度 | 控制 | 控制 |
| 城市 | 控制 | 控制 |
| 公司 | 控制 | 控制 |
| Observations | 8297 | 8297 |
| Adjusted R-squared | 0.001 | 0.041 |

注：*** $p<0.01$，** $p<0.05$，* $p<0.1$。

接下来，本章考察官员来源、晋升空间以及企业产权性质对官员任期与会计稳健性之间关系的影响，结果如表4.6所示。表4.6模型1的结果显示，任期和官员异地来源的交互项与会计稳健性之间显著正相关，说明来源异地会加强官员任期与会计稳健性之间的正相关关系，H4-2成立。这说明从外地来任职官员在任职初期因受到的晋升激励强度较大，对地区经济、企业行为的干涉更多，对企业的会计稳健性的各种需求影响更大，而随着任期的延长，晋升激励强度下降，官员对企业行为的干涉减少，影响减弱，公司会计稳健性水平的变动更为明显。

表 4.6 模型 2 的结果显示，任期和官员晋升空间的交互项与会计稳健性之间显著正相关，说明晋升空间会加强官员任期与会计稳健性之间的正相关关系，H4-3 成立。这说明剩余工作年限在 1 任以上的官员晋升空间较大，在任职初期因受到的晋升激励强度较大，对地区经济、企业行为的干涉更多，对企业的会计稳健性的影响更大，而随着任期的延长，晋升激励强度下降，官员对企业行为的干涉减少，影响减弱，公司会计稳健性水平的变动更为明显。

表 4.6 模型 3 的结果显示，任期和企业国有性质的交互项与会计稳健性之间显著正相关，说明企业的国有产权性质会加强官员任期与会计稳健性之间的正相关关系，H4-4 成立。这说明国有企业由于国有控制权的存在，天然受政府的影响较大，当晋升激励随任期长度变化对官员行为造成影响时，国有企业的行为也随之受到影响。

表 4.6  其他因素对会计稳健性的影响

| VARIABLES | 模型 1 | VARIABLES | 模型 2 | VARIABLES | 模型 3 |
| --- | --- | --- | --- | --- | --- |
| tenure | 0.011<br>(1.01) | tenure | 0.009<br>(1.07) | tenure | 0.010<br>(1.58) |
| nonlocal | -0.062*<br>(-1.82) | remain | -0.100***<br>(-2.67) | state | -0.122***<br>(-3.77) |
| tenure × nonlocal | 0.014*<br>(1.87) | tenure × remain | 0.008*<br>(1.81) | tenure × state | 0.016*<br>(1.83) |
| size | 0.000<br>(0.41) | size | 0.000<br>(0.47) | size | 0.000<br>(0.12) |
| lev | -0.761***<br>(-16.49) | lev | -0.761***<br>(-16.55) | lev | -0.742***<br>(-16.02) |
| tangible ratio | -0.893***<br>(-7.20) | tangible ratio | -0.904***<br>(-7.29) | tangible ratio | -0.904***<br>(-7.29) |
| growth | -0.000<br>(-0.39) | growth | -0.000<br>(-0.51) | growth | -0.000<br>(-0.46) |

续表

| VARIABLES | 模型1 | VARIABLES | 模型2 | VARIABLES | 模型3 |
|---|---|---|---|---|---|
| roa | -0.134<br>(-1.53) | roa | -0.129<br>(-1.48) | roa | -0.128<br>(-1.46) |
| corage | 0.019***<br>(10.15) | corage | 0.018***<br>(9.92) | corage | 0.018***<br>(9.89) |
| dual | 0.115***<br>(5.05) | dual | 0.114***<br>(5.03) | dual | 0.098***<br>(4.26) |
| indratio | 0.650***<br>(3.85) | indratio | 0.638***<br>(3.79) | indratio | 0.612***<br>(3.64) |
| com | 0.118***<br>(12.45) | com | 0.118***<br>(12.44) | com | 0.116***<br>(12.28) |
| big4 | 0.210***<br>(4.64) | big4 | 0.212***<br>(4.69) | big4 | 0.207***<br>(4.60) |
| lagopinion | 0.116***<br>(2.64) | lagopinion | 0.121***<br>(2.76) | lagopinion | 0.111**<br>(2.54) |
| Constant | 0.837***<br>(5.81) | Constant | 0.898***<br>(6.18) | Constant | 0.888***<br>(6.19) |
| 行业 | 控制 | | 控制 | | 控制 |
| 年度 | 控制 | | 控制 | | 控制 |
| 城市 | 控制 | | 控制 | | 控制 |
| 公司 | 控制 | | 控制 | | 控制 |
| Observations | 8297 | Observations | 8297 | Observations | 8297 |
| Adjusted R-squared | 0.100 | Adjusted R-squared | 0.101 | Adjusted R-squared | 0.102 |

注：*** $p<0.01$，** $p<0.05$，* $p<0.1$。

同时，本章想考察企业的银行贷款和城市的税收强度对企业会计稳健性的影响。在4.2的假设推理部分，本章发现作为会计稳健性的主要影响因素，企业的银行贷款情况和企业面临的税收征管强度会对企业的会计稳健性需求造成显著的影响，并最终影响企业的会计稳健

## 第4章 地方官员晋升激励与会计稳健性

性水平。表 4.7 是本章对银行贷款和地区税收征管强度的考察结果。表 4.7 模型 1 的结果显示,在任期与会计稳健性之间呈正相关关系的基础上,银行贷款率与会计稳健性之间表现为负相关关系,并且这一负相关关系在 1% 的水平上显著,这说明正如之前所分析的,企业的银行贷款率越高,企业为获得融资而面临的会计稳健性需求越低。表 4.7 模型 2 的结果显示,在任期与会计稳健性之间呈正相关关系的基础上,地区税收征管强度与会计稳健性之间表现为正负相关关系,并且这一正相关关系在 1% 的水平上显著,这说明正如之前所分析的,地区的税收征管强度越高,企业为降低相关税费而面临的会计稳健性需求越高。

表 4.7 银行贷款和税收强度对会计稳健性的影响

| VARIABLES | 模型1 | VARIABLES | 模型2 |
| --- | --- | --- | --- |
| tenure | 0.006*<br>(1.78) | tenure | 0.010*<br>(1.84) |
| bankloan | -0.360***<br>(-2.60) | te | 1.768***<br>(9.52) |
| bankloan × tenure | 0.001<br>(0.02) | te × tenure | 0.022<br>(0.42) |
| size | 0.000***<br>(3.63) | size | 0.000***<br>(2.62) |
| lev | -0.639***<br>(-15.82) | lev | -0.654***<br>(-17.66) |
| tangible ratio | -0.704***<br>(-7.02) | tangible ratio | -0.672***<br>(-6.92) |
| growth | -0.000<br>(-0.30) | growth | -0.000<br>(-0.56) |
| roa | -0.040<br>(-0.59) | roa | -0.117*<br>(-1.79) |

续表

| VARIABLES | 模型 1 | VARIABLES | 模型 2 |
|---|---|---|---|
| corage | 0.019 *** <br> (12.41) | corage | 0.018 *** <br> (11.78) |
| dual | 0.060 *** <br> (3.23) | dual | 0.036 ** <br> (1.99) |
| indratio | 0.696 *** <br> (4.96) | indratio | 0.679 *** <br> (5.00) |
| com | 0.112 *** <br> (15.63) | com | 0.088 *** <br> (12.47) |
| big4 | -0.229 *** <br> (-6.08) | big4 | -0.198 *** <br> (-5.43) |
| lagopinion | 0.029 <br> (0.82) | lagopinion | 0.062 * <br> (1.80) |
| Constant | 0.540 *** <br> (4.66) | Constant | 0.436 *** <br> (3.84) |
| 年度 | 控制 | | 控制 |
| 行业 | 控制 | | 控制 |
| 城市 | 控制 | | 控制 |
| 公司 | 控制 | | 控制 |
| Observations | 5381 | Observations | 5381 |
| Adjusted R-squared | 0.1476 | Adjusted R-squared | 0.1996 |

注：*** p<0.01，** p<0.05，* p<0.1。

## 4.5 稳健性检验

为证实以上结果的稳健性，本章将从以下几个方面进行稳健性检验。

## 4.5.1 内生性检验

为解决上述回归中可能存在的内生性问题,本章将采用两阶段模型进行回归分析,并将城市经济增长的省内排名作为工具变量引入模型中来。根据官员锦标赛理论,官员晋升的主要考核指标就是地区的经济增长。根据周黎安(2010[①],2011[②])的分析,政治晋升是一条不进则退的单行线:地方官员从最低的职级一级一级地向上晋升,面临来自其他官员的激烈竞争,一旦竞争失败就意味着永远没有机会或者出局,所以经济增长的相对排名就显得极为重要。而且这一排名相对于城市的其他经济特征和企业特征来说是无关的。所以本章将这一排名作为工具变量,衡量官员实际面临的晋升激励以解决回归中可能存在的内生性问题。表 4.8 列示的是城市官员特征与企业会计稳健性的两阶段检验结果。在引入城市经济增长排名这一工具变量后,官员任期与企业会计稳健性之间依旧表现为显著的正相关关系,这与前面结果一致。

表 4.8　　　　　　　　　内生性检验

| VARIABLES | 第一阶段 | VARIABLES | 第二阶段 |
| --- | --- | --- | --- |
| Instrument | 0.057***<br>(7.41) | tenure | 0.504***<br>(6.05) |
| size | -0.000**<br>(-1.97) | size | -0.000**<br>(-1.99) |
| lev | -0.053<br>(-0.40) | lev | -0.769***<br>(-9.51) |

---

① 周黎安. 官员晋升锦标赛与竞争冲动 [J]. 人民论坛,2010 (10):26-27.
② 周黎安,陶婧. 官员晋升竞争与边界效应. 以省区交界地带的经济发展为例 [J]. 金融研究,2011 (3):15-26.

续表

| VARIABLES | 第一阶段 | VARIABLES | 第二阶段 |
|---|---|---|---|
| tangible ratio | -0.749**<br>(-2.12) | tangible ratio | -1.280***<br>(-5.63) |
| growth | -0.000<br>(-0.61) | growth | -0.000<br>(-0.78) |
| roa | 0.066<br>(0.26) | roa | -0.102<br>(-0.67) |
| corage | 0.001<br>(0.19) | corage | 0.018***<br>(5.59) |
| dual | -0.090<br>(-1.39) | dual | 0.065<br>(1.59) |
| indratio | 0.018<br>(0.04) | indratio | 0.626**<br>(2.12) |
| com | 0.100***<br>(3.67) | com | 0.159***<br>(8.83) |
| big4 | -0.152<br>(-1.19) | big4 | -0.265***<br>(-3.32) |
| lagopinion | -0.006<br>(-0.05) | lagopinion | 0.127*<br>(1.65) |
| Constant | 2.745***<br>(6.55) | Constant | 2.626***<br>(6.71) |
| 年度 | 控制 | | 控制 |
| 城市 | 控制 | | 控制 |
| 公司 | 控制 | | 控制 |
| 行业 | 控制 | | 控制 |
| Observations | 6578 | Observations | 6578 |
| Adjusted R-squared | 0.012 | Adjusted R-squared | 0.041 |

注：*** $p<0.01$，** $p<0.05$，* $p<0.1$。

## 4.5.2 "援助之手"or"攫取之手"

本章的隐含假设是官员的奋斗目标是获得晋升，他们的行为受晋升激励影响，所以他们才会对地区经济增长如此重视，并不断推进地区金融、经济发展，帮助企业获得更多融资，此时他们将表现为"援助之手"。但事实上，还存在这样一种可能，官员的目的并不在于推动地区发展以获得晋升，而是为了自身享受和在职消费（田伟等，2009）[①]，纯粹是为了私利，那么他们将表现为"攫取之手"。由于动机的不同会导致行为的差异，追求个人私利的官员对地方经济发展将不会如追求晋升的官员那么关注，行为表现也会不同。所以为避免此类官员对研究结果可能造成的影响，本章将官员被双规和撤职的样本从样本中剔除出去，回归结果与前面一致。

## 4.5.3 其他官员的影响

在城市发展过程中，每个城市除了有市委书记这个"一把手"为地区发展掌舵之外，市长也对地区的经济发展负责，市长的晋升也会与地区经济增长挂钩，市长的行为也是地方政府行为的子集，也会影响地区的金融、经济发展，并最终影响企业的行为。考虑到市长对经济的影响，本章将市长任期作为控制变量添加到回归模型中，结果依旧与前面保持一致，而且市长任期这一变量与企业会计稳健性之间的关系并不显著。

---

① 田伟，田红云. 晋升博弈，地方官员行为与中国区域经济差异［J］. 南开经济研究，2009（1）：133－152.

## 4.6 结 论

为考察政治因素对企业会计政策选择的影响，更好地了解政治与经济之间的作用路径，本章搜集了 2004~2011 年地级市市委书记的个人资料，用官员任期衡量官员感受到的晋升激励，本章检验了地方官员任期对企业会计稳健性水平的影响。同时本章还考察了官员的其他特征，如晋升空间、来源以及企业的产权性质，对企业会计稳健性水平的影响。

结果显示，任期与企业会计稳健性水平之间正相关，即随着任期的延长，晋升激励强度下降，官员推进金融发展以促进经济发展的动力减弱，市场对企业会计稳健性需求上升，企业会计稳健性水平随之上升；年龄和来源也对官员的晋升激励存在影响，来自外地、晋升空间较大的官员受晋升影响较大，其任期对企业会计稳健性水平的影响也更明显。通过对企业会计稳健性水平与官员任期之间的关系进行研究，本章发现地方官员影响除了直接干预企业行为外，还可以通过间接影响企业的会计政策选择来影响企业行为。

进一步，本章还考察了银行贷款和地区税收征管强度对企业会计稳健性水平的影响，结果发现，正如本章所分析的，银行贷款率与企业会计稳健性水平负相关，即企业的银行贷款率越高，企业为获得融资而面临的会计稳健性需求越小；地区税收征管强度与企业会计稳健性水平正相关，即地区税收征管强度越高，企业为降低纳税支出而面临的会计稳健性需求越大。

地方官员晋升激励
与公司治理
Chapter 5

# 第 5 章　地方官员晋升激励与高管更换

## 5.1 引　　言

作为企业的重要人力资源，优秀的高级管理层对企业的经营、发展具有重大意义，能够为投资者创造巨大的价值。然而，当现任高级管理层与企业需求（能力、风格、人际关系）之间并不匹配时，企业会出现发展的停滞、业绩的下降，甚至经营的失败，此时企业就需要对高管进行更换。高管更换作为企业的一项重大决策，会给企业的利益相关者（投资人、竞争者、供应商、客户）传递丰富的信号，影响市场上股价走向，甚至企业的后续经营，所以任何一家企业做出高管更换的决策（是否更换、什么时候更换、怎么更换）时都会格外谨慎，并期望更换高管能够显著提升企业的业绩。

最初对高管更换的研究多集中于高管更换的影响因素。Denis 等（1995）发现企业更换高管多是出于改善业绩的动机，董事会期望将不称职的现任高管替换之后，新任高管能够迅速扭转企业的经营局面，改善目前糟糕的业绩。Lehn 和 Zhao（2006）[①] 研究了并购业绩是否会影响 CEO 变更的问题后发现，差劲的并购业绩会导致 CEO 的变更，这样的变更不会受到公司治理机制和收购方式的影响。Jenter 等（2008）研究了相对业绩指标（RPE）对 CEO 更换的影响，以检验董事会在考虑 CEO 留任问题时是否会把行业或者市场的变化对公司业绩的冲击排除在业绩评价体系之外，结果发现，与传统的更换模型不同，当行业或者市场整体都表现不佳时，CEO 被更换的概率上升，同时这种概率也随着公司在行业内部的业绩排名而下降。

---

① Lehn, K. M., Zhao, M. CEO turnover after acquisitions. are bad bidders fired? [J]. The Journal of Finance, 2006, Vol. 61 (4). 1759–1811.

## 第5章 地方官员晋升激励与高管更换

随后，学者们也开始关注业绩之外的公司治理因素对高管更换的影响。Perry（2000）[①]检验了董事的薪酬结构对 CEO 更换的影响后发现，激励薪酬会影响董事会的监督水平，当企业为独立董事提供激励薪酬时，CEO 因业绩问题被更换的可能性显著增加。Park 等（2001）发现两职合一的公司 CEO 更换业绩敏感性相对较低。Parrino，Sias 等（2003）发现机构投资者的持股比例会对 CEO 更换、外部继任的引入决策造成影响。Huson 等（2004）更是在业绩改善动机之外提出了"替罪羊"假设，他们认为在某些情况下（违规、舞弊等负面新闻曝光后）企业更换高管并非出于业绩因素的考虑，而是需要有人站出来作为"替罪羊"代表公司承担责任，以降低公司的负面影响。Eric 等（2006）为高管更换建立了一个多任务模型框架，在此框架下检验了高管更换的影响因素及经济后果后发现，当企业前任高管因为业绩因素被更换时，新任高管也会接受以业绩为主要考核指标的激励约束，将改善业绩作为首要任务；若企业前任高管是因业绩以外的因素被更换时，新任高管也不会将企业业绩作为工作的重点。Kaplan and Minton（2006）发现即使业绩考核指标中包含相对业绩指标，糟糕的行业整体表现也会导致 CEO 变更决策；同时他们还发现，董事会对 CEO 的业绩敏感性随着时间的推移不断上升，1992～2005 年的 CEO 更换比率比之前两个十年都要高。Hazarika 等（2012）检验了盈余管理行为对企业高管更换的影响后发现，盈余管理行为会显著影响 CEO 更换的概率和速度。

随着 La Porta 等（1997）[②]开创了法与金融学的研究先河，不断

---

[①] Perry, T., Peyer, U. Board seat accumulation by executives: a shareholder's perspective [J]. The Journal of Finance, 2005, Vol. 60 (4): 2083-2123.

[②] La Porta, R., Shleifer, A., Vishny, R., Legal determinants of external finance [J]. The Journal of Finance, 1997, Vol. 52 (3): 1131-1150.

有学者将政治因素引入高管更换的研究中来。Leuz 等（2006）① 以政府选举对公司政治关系的冲击为研究契机，考察了选举带来的政治更替对高管更换的影响，他们发现，与原政府建立了亲密联系的企业，在政府更换后业绩大幅度下滑，而这样的业绩变化与高管能力、尽职程度之间并没有相关关系。游家兴等（2010）以企业并购事件为研究对象，研究了政治联系对高管更换的影响，他们发现，政治关联会减少高管因糟糕业绩而离职的概率，而且高管留任后也缺乏改善公司业绩的动力。丁友刚等（2011）以政府控制的企业为研究样本，检验了政府控制对高管更换的影响，他们发现，在政府控制下，高管升迁与企业业绩之间并不存在相关关系，高管非升迁与企业业绩之间负相关，但这种负相关关系只在企业业绩比较低时才显著，并且更换高管对企业业绩也缺乏改善作用，这说明政府控制下的企业高管更换偏离了经济目标。这些研究都指出政治因素的影响会削弱高管更换与业绩之间的相关性。

但是，这些研究存在一个假设前提，那就是政府并不关心企业的经济目标，对企业行为的干预只是出于政治目的等其他动机，所以政府既不关心在任高管是否能够增加企业价值，也不关心更换高管是否能够改善企业业绩。可事实上，在我国财政分权与行政集权的政治制度体系和以经济发展为主要考核指标的政治晋升制度下，政府对经济目标是十分重视的。Leung 等（2012）② 以中国的国有企业为研究样本，考察了政府控制下企业高管更换与业绩之间的关系，发现政府控制权对企业公司治理效率提高具有促进作用，这种作用正是源于政府发展地方经济的政治动机。然而这样的研究多只是将政府

---

① Leuz, C., Oberholzergee, F. Political relationships, global financing, and corporate transparency. Evidence from Indonesia [J]. Journal of Financial Economics, 2006, Vol. 81 (2). 411 – 439.

② Leung, S., Hu, F. Top management turnover, firm performance and government control. Evidence from Chinas listed state – owned enterprises [J]. The International Journal of Accounting, 2012, Vol. 47 (2). 235.

视为一个整体,并未考虑官员的个体行为、特征对地方经济、企业行为的影响。但事实上,政府行为只是一种表面现象,其实质则是官员的行为,而官员的行为受到自身特点和环境因素的影响和制约(周黎安,2008)①,所以在研究政府行为时不考虑官员的自身特征和环境因素的影响,将很难真正地揭露政治对企业的影响这个"黑箱"。

因此,本章将会从地方官员的角度,考察官员特征对企业高管更换与业绩关系的影响,从这一角度来研究政治因素对企业会计治理机制的影响,以期对政治与经济之间的互动有一个更好的了解。本章以2004~2011年市级层面的数据为研究样本,考察了地方官员特征(任期、来源等)对企业高管更换的影响,并发现,官员任期的延长会削弱高管更换与企业业绩之间的负相关关系,这说明随着任期的延长,官员晋升激励强度减弱,对地区经济发展的关注减少,对企业经济目标的关注也随着减少,对公司治理效率的促进作用降低,企业高管更换与业绩之间的相关性减弱。随后,本章按照官员来源、晋升空间、企业产权性质进行了分组考察,并发现,这种作用在来自外地、晋升空间较大以及国有企业的样本中更为明显。

与以往研究相比,本章从以下几个方面丰富了现有文献:一是将政府对企业行为的影响推进到了官员个人层次,有助于大家更好地了解政治动机对企业行为的影响路径。与以往研究就政府视为一个整体不同,本章从官员个人特征对晋升激励的影响入手,揭示了官员对地区经济、企业行为进行干涉的根本原因。二是通过对地方官员特征对企业高管更换与企业业绩关系的研究,帮助大家更好地了解了政治因素影响企业行为的路径。与以往直接单纯研究政策变动或政府换届对企业行为的模式相比,本章找到了政治因素影响企业行为的路径之一,官员通过影响企业的高管更换决策来影响企业的公司治理效率,

---

① 周黎安. 中国地方政府公共服务的差异:一个理论假说及其证据[J]. 新余高专学报,2008(4):5-6.

为官员特征与企业公司治理效率之间的关系提供了直接证据。三是将我国政治因素对企业影响的研究拓展到了市级官员层面,有助于本章从根源上了解官员与企业之间的作用机制。以往对官员与地区经济的研究大多停留在省级层面(张军等,2007;王贤彬等,2009),但与省级官员相比,市级官员与企业发生直接接触的机会更多,业绩考核受地区经济的影响更大,对经济进行直接干预的可能更大,影响也更直接,所以研究市级官员对企业的影响有助于本章从根本上了解官员特征、行为与企业行为之间的作用机制,为官员的考核和监督提供更多的参考。

## 5.2 理论分析与假设

自 La Porta 等(1997)[①] 开始将法律制度等外部环境因素引入经济学研究中后,学者们从不同方面开始考察外部环境因素对公司治理机制的影响。作为公司治理研究的一个主要分支,有关高管更换的研究也为这方面的假设提供了重要的证据。Defond and Hung (2004)[②] 以 1997~2001 年 33 个国家的公司为研究对象,考察了执法力度对高管更换的影响,发现当公司所在地区执法力度较强时,高管更换与企业业绩之间的关系更加显著。Chang 和 Shin(2006)以韩国企业为研究对象,1998 年亚洲金融危机给企业带来的冲击和改变使韩国集团企业高管更换业绩敏感度出现了大幅度的提升。Lel 等

---

① La Porta, R., Shleifer, A., Vishny, R., Legal determinants of external finance [J]. The Journal of Finance, 1997, Vol. 52 (3). 1131–1150.

② Defond, M. L., Hung, M. Investor protection and corporate governance. Evidence from worldwide CEO turnover [J]. Journal of Accounting Research, 2004, Vol. 42 (2). 269–312.

(2008)[①] 以跨国上市公司为样本，检验了公司治理机制与两地投资者保护力度差异之间的关系，他们发现，母国投资者保护薄弱的上市公司在美国主要交易所上市后，业绩较差的 CEO 会被更换的可能性会上升；这样的差异随着两国投资者保护力度差异的增大而增加。但公司所在的市场并不要求其适用当地法律，那么将不会出现公司治理机制的差异。Yun Liu（2010）研究了 CEO 劳动力市场的网络和连通性对 CEO 更换的影响。Robert Bushman 等（2010）[②] 以美国 1992～2005 年的上市公司为研究样本，以股票回报系统性波动和股票回报特质性波动为考察指标，检验了系统性风险和非系统性风险对高管更换的影响，他们发现这两种风险以影响业绩指标信息含量的途径，进而影响了董事会对高管能力的评估，并最终影响了高管更换决策与高管更换业绩敏感性。Fee 等（2011）发现外界环境的改变对公司业绩的冲击会造成高管更换以及更换前后 CEO 类型的改变。Cornelli（2013）以东欧国家的市场化改革为契机，以被 VC 或 PE 投资的私人公司为研究样本，发现被更换 CEO 权力后董事会会更多地更换业绩不佳的 CEO，以达到改善业绩的目的。DeFond 等（2004）[③] 将立法完善程度和执法机构的执法强度作为投资者保护的两个衡量指标，研究了投资者保护对 CEO 更换决策的影响，他们发现，存在大量法律条文的国家并没有表现出更高的高管更换业绩敏感性；执法力度较强的国家更换业绩敏感性更强。此外，他们还发现，在执法力度较强的国家，若股价的信息含量高时，则 CEO 更换往往与市场表现不佳相关，否则与盈利状况相关。这些研究都发现，外部制度环境变化对高

---

[①] Lel, U., Miller, D. International cross-listing, firm performance, and top management turnover. A test of the bonding hypothesis [J]. The Journal of Finance, 2008, Vol. 63 (4). 1897-1937.

[②] Bushman, R., Dai, Z., Wang, X. Risk and CEO turnover [J]. Journal of Financial Economics, 2010, Vol. 96 (3). 381-398.

[③] Defond, M. L., Hung, M. Investor protection and corporate governance. Evidence from worldwide CEO turnover [J]. Journal of Accounting Research, 2004, Vol. 42 (2). 269-312.

管更换与业绩之间的关系具有显著的影响。但是，这些研究关注的都是市场经济下的企业样本。在这些样本中，高管更换与企业业绩之间的负相关关系是由企业有效的公司治理机制和完善的激励制度决定的，而公司治理效率的提高和激励制度的完善取决于这些国家都拥有一个有效的资本市场。而在我国，市场机制并不完善，法律体系也并不完备，但经济却持续了40多年的高速增长，企业也不断发展壮大，这说明我国企业的公司治理机制与制度环境之间的作用机制与那些发达国家企业具有显著差异，但研究我国制度因素与高管更换的文献目前还很少。

我国以政府为主导的经济体系对地区经济和企业行为的影响是通过以下途径达到的。一方面，我国经济中绝大多数的企业为国有企业，政府对这些企业享有直接控制权，可以直接以出资人的身份参与企业的各项重大决策。根据《中华人民共和国企业国有资产管理法》的相关规定，各级国有资产监督管理机构代表本级政府对国有企业履行出资人的职责，依法享有资产收益、参与重大决策和选择管理者等权利。根据这些规定，政府能够直接对企业的经营行为进行干涉。同样地，政府也可以通过操纵这些企业来达到其他的政治目的。已有文献多从这一角度研究了政府干预对企业高管更换的影响。丁友刚等（2011）、游家兴等（2010）都发现政府干预能显著影响公司的治理决策，对高管更换与公司业绩之间的负相关关系造成影响。同时，Leung 等（2012）[1] 也指出源于经济发展动机的政府干预能改善国有企业的公司治理效率，增加企业高管更换的业绩敏感性。因此，本章认为，当地方官员受到晋升激励的影响，力图大力发展经济时，他们也会关注辖内企业的经济目标，若企业业绩较差，与他们的发展意图相违背时，政府可以通过对国有企业的控制权直接更换高管。也就是

---

[1] Leung, S., Hu, F. Top management turnover, firm performance and government control. Evidence from Chinas listed state – owned enterprises [J]. The International Journal of Accounting, 2012, Vol. 47 (2). 235.

说，当官员努力推动地区经济发展时，国有企业的高管业绩敏感性会上升。又根据官员锦标赛的相关理论，地方政府官员在任职初期更渴望在新的工作职位上做出新的成绩，以获得认可，增加政治晋升的概率，而随着任期的延长，晋升激励的强度也会随之下降。据此，提出第一个假设：

H5-1：在国有企业，高管更换与企业业绩之间的负相关关系会随着官员任期的延长会减弱。

另一方面，我国的财政分权制度给予了各级政府对辖内经济独立的处置权，一些最重要的资源，如行政审批、土地征用、贷款担保、各项政策优惠等均掌握在地方政府的手中，使政府可以通过利用行政和财政手段来指挥企业的行为。林毅夫等（2000）[1] 指出地方政府的权力和政治动机使得他们有动机和能力去推动地方的经济增长。而Bushman（2006）[2] 的分析则表明，当政府需要大力发展经济时，未能及时配合政府工作、业绩不够理想的企业，可能会面临来自政府的政策歧视（如更严格的监管、更难享有政策优惠等），并最终出现高管被更换的局面。Fan等（2008）[3] 发现，当前任官员因腐败而被撤职时，后任官员出于政治切割的目的，会对关联企业实行贷款歧视，使企业的贷款难度上升，贷款成本上升。因此，本章预期，对于非国有企业，地方官员可以通过相关行政手段来施加影响，最终使这些企业的行为为它们的政治动机服务。因此，当地方官员受到晋升激励的影响、力图大力发展经济时，他们更加重视辖内企业的经营效率，若企业业绩拖累了地方经济，政府可以通过行政手段对企业施加压力，

---

[1] 林毅夫，刘志强. 中国的财政分权与经济增长［J］. 北京大学学报（哲学社会科学版），2000（4）：5-17.

[2] Bushman, R. M., Piotroski, J. D. Financial reporting incentives for conservative accounting. The influence of legal and political institutions［J］. Journal of Accounting and Economics, 2006, Vol. 42（1-2）. 107-148.

[3] Fan, J., P. H., Rui, O. M., Zhao, M. Public governance and corporate finance. Evidence from corruption cases［J］. Journal of Comparative Economics, 2008, Vol. 36（3）. 343.

促使它们改善公司治理效率，更换不称职的高管。也就是说，当官员努力推动地区经济发展时，非国有企业的高管更换业绩敏感性也会上升。同样，当官员的晋升激励随任期的延长而削弱时，官员的晋升激励对非国有企业高管更换业绩敏感性的影响也会降低。据此，提出第二个假设：

H5-2：在非国有企业，高管更换与企业业绩之间的负相关关系也会随着官员任期的延长会减弱。

本章考虑官员的来源对晋升激励的影响。在我国有关党政领导干部交流工作相关规定的推动下，官员的异地交流是普遍的。不少研究也发现，官员的异地交流有助于提升政府的工作效率，提升官员能力，并改善工作动机。林毅夫等（2007）[1]认为官员异地交流则对经济增长有着显著的推动作用，异地来源的官员推动地区经济有着更高的工作热情和更强的工作能力。李维安等（2012）[2]也发现外地晋升的官员对辖内企业的行动干涉更大，影响更明显。根据以上分析，本章可以合理推断，来自外地的地方政府官员在任期初期面临的晋升激励更大，推动经济发展的动机更强，对企业的干预更多，对企业的公司治理效率施加的影响也更大，而随着任期的延长，晋升激励减弱的强度也会更为明显，官员行为随之变化，对企业的经济目标和企业的公司治理效率施加的影响也会出现波动。因此，可以提出第三个假设：

H5-3：来自外地的官员对企业高管更换业绩敏感性影响更大。

本章考虑晋升空间对晋升激励的影响。由于中央对每一级别的行政干部有任职的最高年龄的限制，因此从政者必须在一定年龄升到某个级别，否则就没有机会了。例如，近年来中央对省部级干部

---

[1] 林毅夫，张军，高远．官员任期、异地交流与经济增长——来自省级经验的证据[J]．经济研究，2007（11）：91-103.

[2] 李维安，钱先航．地方官员治理与城市商业银行的信贷投放[J]．经济学（季刊），2012（4）：1239-1260.

的退休年龄规定为 60 岁，假设一任的时间正常为 5 年，这意味着一个普通从政者要逐级提升为省部级干部，在最顺利的情况下也需要 20 年时间，但通常来说远不止这些时间。近年来，国家对干部任职的年龄要求越来越趋于年轻化，使得一轮竞争错过提拔机会就可能永远失去晋升机会，这势必使年龄成为影响官员晋升激励的因素之一。本章设定 60 周岁为官员的职业终点，显然，距离终点越近，官员的晋升空间越小，感知到的晋升激励水平越低。距离职业终点已经不足一个任期的官员，已基本退出了竞争，所以他们干预地方经济行为，促进地区经济增长的动机会相对较弱，对企业施加的影响也较小。据此，本章可以合理推断，剩余工作年限较长，晋升空间较大的地方政府官员在任期初期面临的晋升激励更大，推动经济发展的动机更强，对企业的经济目标更为关注，企业的公司治理效率受到的影响最大，而随着任期的延长，晋升激励减弱的强度也会更为明显，官员行为随之变化更大，对企业的经济目标和企业的公司治理效率施加的影响也会减弱。因此，可以提出第四个假设：

H5-4：晋升空间较大的官员对企业高管更换业绩敏感性的影响更大。

## 5.3 研究设计与样本选择

### 5.3.1 研究样本与数据来源

根据《中华人民共和国行政区划简册》，截至 2013 年 3 月，中国共有 289 个地级市（其中包括 15 个副省级城市），为了获得历任市委书记的详细资料，本章首先从新华网查询到各个市历任市委书记的姓名，随后从人民网地方领导资料库搜寻到各地历任市委书记的简历资料,确定各地市委书记的任职年份;在此基础上,继续通过谷歌、百度等网络搜索各地历任市委书记的简历,最终确定样本期间各地历任市委书记的变更年份和月份,以及他们的个人特征信息。

使用市委书记作为本章的研究对象,是因为作为城市的最高领导人,市委书记对地方经济拥有最高的控制权,他的任期对晋升激励的影响也就会更加明显,而这种影响最终会经由政府的行为投射到地区经济,甚至企业治理行为中去。因为本章考察的是金融发展相对于前一年的增量,而城市的贷款数据多是从2003年开始提供的,所以最终本章得到了2004~2011年总共8729个企业年度样本分布在1556个城市年度中。从来源上看,来自本地的官员占到全部官员的28.4%,来自外地的官员占到全部官员的71.6%,每年平均有162个董事长会在这一会计年度结束后被更换。同时,本章从Wind数据库和CSMAR数据库搜集了每个企业2004~2011年的相关财务和治理数据(见表5.1)。

表5.1　　样本分布

| 年度 | 城市(个) | 企业(家) | 本地来源(%) | 外地来源(%) | 留任(个) | 更换(个) |
| --- | --- | --- | --- | --- | --- | --- |
| 2004 | 132 | 689 | 24.2 | 75.8 | 552 | 137 |
| 2005 | 193 | 944 | 26.4 | 73.6 | 770 | 174 |
| 2006 | 193 | 945 | 25.9 | 74.1 | 800 | 145 |
| 2007 | 199 | 1003 | 28.5 | 71.5 | 859 | 144 |
| 2008 | 206 | 1111 | 35.6 | 64.4 | 947 | 164 |
| 2009 | 205 | 1162 | 27.4 | 72.6 | 978 | 184 |
| 2010 | 208 | 1302 | 26.8 | 73.2 | 1131 | 171 |
| 2011 | 220 | 1573 | 30.9 | 69.1 | 1391 | 182 |
| 总计 | 1556 | 8729 | 28.4 | 71.6 | 7428 | 1301 |

## 5.3.2 模型设定与变量定义

官员感知到的晋升激励强度会随着其任期的长度变化而变化，导致官员的行为在任期内发生变化，地区的金融、经济发展速度也随之变化，因此本章建立以企业高管更换指标为因变量，官员任期为自变量的回归模型。同时，考虑到官员的其他特征，如性别、年龄、来源等，对晋升激励存在的影响，进而对官员行为、地区经济发展产生的影响，本章将把这些特征引入回归模型中，以考察这些因素对官员行为，进而对企业高管更换造成的影响。本章设立的第一个模型如下：

$$\text{Probit}(\text{turnover}) = \beta_0 + \beta_1 \text{tenure} + \beta_2 \text{performance} + \beta_3 \text{tenure} \times \text{performance} + \lambda \text{ctrl vars} + \varepsilon \tag{5.1}$$

模型中涉及的主要变量包括：

（1）高管更换。本章将高管更换定义为董事长的变更，若本会计年度结束后，董事长发生了变更，该指标取值为1，否则取值为0。

（2）官员任期。本章用官员在任的年数（tenure）来衡量官员的任期。由于大部分官员是在年中任职的，因此参照王贤彬等（2009）的做法，若市委书记在一年的1~5月上任的，本章将该年定义为官员上任的第一年；若市委书记在一年的6~12月上任的，本章将下一年定义为官员上任的第一年。

（3）官员的其他特征。晋升空间，也就是官员的剩余工作年限衡量官员年龄对晋升激励的影响，根据相关文献，离退休年龄越近，官员的晋升空间越小，晋升激励越弱；官员的来源，本章将官员分为本地来源组和异地来源组，根据相关文献，来自异地的官员晋升激励较强。

（4）企业业绩。本章采用企业资产收益率，即利润总额和财务费用之和与资产的比值，作为业绩的衡量指标。

(5) 控制变量。参照以往的研究文献（Park 等，2001；Huson 等，2004），本章在模型中控制了资产（size）、董事长年龄（ceoage）、产权性质（state）、两职合一（dual）、董事会规模（board）、独董比率（ind ratio）、四大（big4）、审计意见（opinion）等指标。变量说明见表5.2。

表5.2　　　　　　　　变量定义

| | | |
|---|---|---|
| 高管更换 | turnover | 若企业董事长在下一年度不再留任，取值1，否则取值0 |
| 任期 | tenure | 截至本年年底，官员在任的年数 |
| 晋升空间 | remain | 用官员的剩余工作年限来衡量，若官员的工作年限超过一个任期（5年），取值1，否则取值0 |
| 异地 | nonlocal | 官员的来源，若官员自外地调任到目前岗位，取值1，否则取值0 |
| 规模 | size | 企业总资产的对数 |
| 董事长年龄 | ceoage | 董事长的年龄 |
| 资产收益率 | roa | 利润总额和财务费用之和与资产的比值 |
| 产权性质 | state | 企业产权性质为国有时，取值1，否则取值0 |
| 两职合一 | dual | 董事长和总经理由同一人担任时，取值1，否则取值0 |
| 董事会规模 | board | 公司董事会的人数 |
| 独董比率 | ind ratio | 独立董事占全部董事人数的比率 |
| 四大 | big4 | 由四大事务所审计时，取值1，否则取值0 |
| 审计意见 | lagopinion | 年度审计意见为非标意见时，取值1，否则取值0 |

## 5.4　实证结果

### 5.4.1　描述性统计

表5.3是主要变量的描述性统计。董事长更换的均值为14.9%，

说明每年约有 15% 的企业发生了高管变更，相比于国外文献中提到的 10% 的平均水平，我国企业更换董事长的频率还是较高的。官员任期的均值和中位数分别为 3.05 年和 3 年，最短的为 1 年，最长的为 10 年，说明官员任期差别很大。企业资产收益率的均值和中位数分别为 -0.187 和 0.053，最小值和最大值分别为 -2095 和 39.31，说明不同企业的业绩差别较大，企业的经营状况差异较大。

表 5.3　描述性统计

| variable | N | mean | sd | min | p50 | max |
| --- | --- | --- | --- | --- | --- | --- |
| turnover | 8729 | 0.149 | 0.356 | 0 | 0 | 1 |
| tenure | 8729 | 3.052 | 1.912 | 1 | 3 | 10 |
| roa | 8729 | -0.187 | 22.5 | -2095 | 0.053 | 39.31 |
| ceoage | 8729 | 50.16 | 7.478 | 0 | 50 | 75 |
| size | 8729 | 21.45 | 1.178 | 12.31 | 21.36 | 26.41 |
| dual | 8729 | 0.176 | 0.381 | 0 | 0 | 1 |
| board | 8729 | 9.184 | 1.858 | 3 | 9 | 18 |
| indratio | 8729 | 0.36 | 0.051 | 0 | 0.333 | 0.714 |
| opinion | 8729 | 0.077 | 0.266 | 0 | 0 | 1 |
| big4 | 8729 | 0.044 | 0.204 | 0 | 0 | 1 |

表 5.4 是相关系数表。从表 5.4 可以发现，官员任期与高管变更之间负相关，说明随着官员任期的延长，区域内董事长被更换的概率总体上是下降的。资产收益率与高管更换之间显著负相关，说明我国董事长更换与糟糕的企业业绩之间显著相关。

表 5.4 相关系数表

| | turnover | tenure | roa | ceoage | size | dual | board | indratio | opinion | big4 |
|---|---|---|---|---|---|---|---|---|---|---|
| turnover | 1 | | | | | | | | | |
| tenure | -0.013* | 1 | | | | | | | | |
| roa | -0.026** | 0 | 1 | | | | | | | |
| ceoage | 0.034*** | -0.003 | 0.004 | 1 | | | | | | |
| size | -0.043*** | -0.013 | 0.083*** | 0.192 | 1 | | | | | |
| dual | -0.062*** | -0.020* | -0.025** | -0.07 | -0.124 | 1 | | | | |
| board | 0.002 | -0.030*** | 0.002 | 0.077 | 0.277 | -0.108*** | 1 | | | |
| indratio | -0.017 | 0.004 | 0.006 | -0.022 | -0.007 | 0.063*** | -0.303*** | 1 | | |
| opinion | 0.120*** | -0.025** | -0.038*** | -0.105 | -0.271 | 0.018 | -0.057*** | 0.01 | 1 | |
| big4 | -0.003 | -0.025** | 0.003 | 0.073* | 0.294 | -0.057*** | 0.139*** | -0.004 | -0.030*** | 1 |

注：\*\*\* p<0.01，\*\* p<0.05，\* p<0.1。

## 5.4.2 实证检验

表 5.5 是按照国有组、非国有组和全部企业对高管更换与官员任期进行实证检验的结果。表 5.5 第 1 列只考虑国有企业中官员任期与企业业绩对高管更换影响的回归结果，发现官员任期和公司业绩的交乘项与高管更换在 5% 的水平上显著正相关，说明国有企业的高管更换业绩敏感性随官员任期的延长而降低，与本章的分析结果一致，H5-1 成立。这一结果证明随着官员任期的延长，晋升激励逐渐减弱，官员发展经济、促进企业发展的动力也随之减弱，官员行为对国有企业公司治理效率的改善减弱，高管更换业绩敏感性降低。表 5.5 第 2 列只考虑非国有企业中官员任期与企业业绩对高管更换影响的回归结果，发现官员任期和公司业绩的交乘项与高管更换之间并没有显著的关系，H5-2 不成立。表 5.5 第 3 列显示的是所有企业官员任期与企业业绩对高管更换影响的回归结果。结果发现官员任期和公司业绩的交乘项与高管更换在 1% 的水平上显著正相关，说明总体而言，我国企业的高管更换业绩敏感性会随官员任期的延长而降低，这可能是由我国国有企业在经济体系中的地位决定的。

表 5.5　　高管更换与官员任期

| | 因变量 = turnover | | |
|---|---|---|---|
| VARIABLES | （1）国有 | （2）非国有 | （3）全样本 |
| tenure | -0.006<br>(-0.45) | 0.020<br>(1.40) | -0.005<br>(0.52) |
| roa | -0.090<br>(-0.28) | -0.091<br>(-1.33) | -0.106*<br>(-1.66) |
| tenure × roa | 0.137*<br>(1.83) | 0.045<br>(1.58) | 0.054**<br>(2.05) |

续表

| VARIABLES | (1)<br>国有 | (2)<br>非国有 | (3)<br>全样本 |
|---|---|---|---|
| ceoage | 0.019***<br>(5.18) | 0.003<br>(0.79) | 0.010***<br>(3.88) |
| size | -0.036<br>(-1.44) | -0.112***<br>(-3.58) | -0.025<br>(-1.37) |
| dual | -0.224**<br>(-2.51) | -0.261***<br>(-3.55) | -0.314***<br>(-5.70) |
| board | -0.010<br>(-0.74) | -0.049**<br>(-2.42) | -0.014<br>(-1.20) |
| indratio | 0.324<br>(0.62) | -1.280**<br>(-2.03) | -0.221<br>(-0.56) |
| opinion | 0.541***<br>(5.25) | 0.551***<br>(6.06) | 0.573***<br>(8.65) |
| big4 | -0.035<br>(-0.30) | 0.079<br>(0.42) | -0.030<br>(-0.30) |
| Constant | -1.432**<br>(-2.39) | 1.368*<br>(1.82) | -1.178***<br>(-2.63) |
| 行业 | 控制 | 控制 | 控制 |
| 年度 | 控制 | 控制 | 控制 |
| 公司 | 控制 | 控制 | 控制 |
| 城市 | 控制 | 控制 | 控制 |
| Observations | 4451 | 4278 | 8729 |
| Pseudo $R^2$ | 0.029 | 0.055 | 0.030 |

注：*** $p<0.01$，** $p<0.05$，* $p<0.1$。

表5.6是对官员任期与高管更换之间的关系进行分组考察的结果。第1列和第2列是按照官员来源进行分组的检验结果，本章发现官员任期对高管更换业绩敏感性的影响仅在外地组显著，而他们之间的差异也在10%的水平上显著，H5-3成立。这说明与之前的分析

一致，从外地来任职官员在任职初期因受到的晋升激励强度较大，对地区经济、企业行为的干涉更多，对企业的公司治理效率的影响更大，而随着任期的延长，晋升激励强度下降，官员对企业行为的干涉减少，影响减弱，公司治理效率的变动更为明显。

第3列和第4列是按照官员晋升空间进行分组的检验结果，结果发现官员任期对高管更换业绩敏感性的影响仅晋升空间等于1，即职业生涯还剩1个任期以上的子样本中显著，且他们之间的差异在5%的水平显著，H5-4成立。这也证实了之前的分析，晋升空间较大，剩余职业生涯较长的官员晋升空间较大，感受到的晋升激励强度更大，任期内晋升激励变动幅度也会更明显，区域内企业的公司治理效率变动幅度更大。

表5.6 分组检验

| VARIABLES | (1) nonlocal=0 | (2) nonlocal=1 | (3) remain=0 | (4) remain=1 |
|---|---|---|---|---|
| tenure | 0.152 (1.21) | -0.002 (-0.19) | -0.005 (-0.32) | -0.013 (-1.07) |
| roa | -2.170 (-0.42) | -0.096* (-1.86) | -0.228 (-1.06) | -0.536** (-2.42) |
| tenure×roa | 0.046 (0.51) | 0.048* (1.83) | 0.042 (0.83) | 0.183*** (2.66) |
| ceoage | -0.031 (-1.45) | 0.010*** (4.03) | 0.013*** (3.52) | 0.006* (1.88) |
| size | -0.213 (-0.84) | -0.025 (-1.32) | -0.048* (-1.65) | -0.008 (-0.31) |
| dual | 0.196 (0.39) | -0.318*** (-5.70) | -0.282*** (-3.35) | -0.334*** (-4.52) |
| board | -0.084 (-0.55) | -0.013 (-1.15) | -0.017 (-1.01) | -0.010 (-0.63) |

续表

| VARIABLES | 因变量 = turnover | | | |
|---|---|---|---|---|
| | (1) nonlocal = 0 | (2) nonlocal = 1 | (3) remain = 0 | (4) remain = 1 |
| indratio | -5.993<br>(-1.11) | -0.097<br>(-0.24) | -0.326<br>(-0.54) | -0.197<br>(-0.37) |
| opinion | 0.017<br>(0.02) | 0.576***<br>(8.62) | 0.624***<br>(6.44) | 0.540***<br>(5.81) |
| big4 | 1.484<br>(1.40) | -0.045<br>(-0.45) | 0.162<br>(1.11) | -0.181<br>(-1.31) |
| Constant | 7.235<br>(1.44) | -1.290***<br>(-2.84) | -0.903<br>(-1.33) | -1.358**<br>(-2.24) |
| High-low | 0.002* | | 0.141** | |
| 行业 | 控制 | 控制 | 控制 | 控制 |
| 年度 | 控制 | 控制 | 控制 | 控制 |
| 公司 | 控制 | 控制 | 控制 | 控制 |
| Observations | 2480 | 6249 | 3362 | 5367 |
| Pseudo $R^2$ | 0.221 | 0.031 | 0.042 | 0.032 |

注：*** $p<0.01$，** $p<0.05$，* $p<0.1$。

## 5.5 稳健性检验

为证实以上结果的稳健性，本章将从以下几个方面进行稳健性检验。

### 5.5.1 内生性检验

考虑到检验中可能存在的内生性问题，本章将城市国民经济增长的省内排名作为工具变量引入本章使用的 probit 模型中来，进行两阶段回归。根据官员锦标赛理论，官员晋升的主要考核指标就是地区的经济增长。根据周黎安（2010，2011）的分析，政治晋升是一条不进则退的单行线：地方官员从最低的职级一级一级地向上晋升，面临来自其他官员的激烈竞争，一旦竞争失败就意味着永远没有机会或者出局，所以经济增长的相对排名就显得极为重要。而且这一排名相对于城市的其他经济特征和企业特征来说是无关的。所以本章将这一排名作为工具变量，衡量官员实际面临的晋升激励以解决回归中可能存在的内生性问题。表5.7列示的是城市官员特征与企业高管更换的两阶段检验结果。在引入城市经济增长排名这一工具变量后，官员任期的延长依旧会削弱企业高管更换业绩敏感性，这与前面结果一致。

表5.7　　　　　　　　　　　内生性检验

| VARIABLES | 第一阶段 | VARIABLES | 第二阶段 |
| --- | --- | --- | --- |
| Instrument | 0.063*** <br> (8.30) | tenure | -0.081 <br> (0.81) |
| roa | -0.559*** <br> (-9.56) | roa | -0.158** <br> (2.07) |
| Instrument × roa | 0.186*** <br> (9.56) | tenure × roa | 0.089*** <br> (2.73) |
| ceoage | -0.004 <br> (-1.25) | ceoage | 0.010*** <br> (3.96) |
| size | -0.044** <br> (-1.97) | size | -0.020 <br> (-1.04) |
| dual | -0.167*** <br> (-2.83) | dual | -0.301*** <br> (-4.96) |
| board | -0.030** <br> (-2.27) | board | -0.014 <br> (-1.14) |
| indratio | -0.493 <br> (-1.06) | indratio | -0.297 <br> (-0.75) |
| opinion | -0.295*** <br> (-3.26) | opinion | 0.578*** <br> (8.49) |

续表

| VARIABLES | 第一阶段 | VARIABLES | 第二阶段 |
| --- | --- | --- | --- |
| big4 | -0.073<br>(-0.63) | big4 | -0.024<br>(-0.25) |
| Constant | 3.456*** <br>(6.32) | Constant | -1.527** <br>(-2.49) |
| 行业 | 控制 | 行业 | 控制 |
| 年度 | 控制 | 年度 | 控制 |
| 公司 | 控制 | 公司 | 控制 |
| 城市 | 控制 | 控制 | 控制 |
| Observations | 7512 | Observations | 7512 |
| Pseudo $R^2$ | 0.155 | Adjusted R-squared | 0.009 |

注：*** $p<0.01$，** $p<0.05$。

### 5.5.2 "援助之手"or"攫取之手"

本章的隐含假设是官员的奋斗目标是获得晋升，他们的行为受晋升激励影响，所以他们才会对地区经济增长如此重视，并不断推进地区金融、经济发展，帮助企业获得更多融资，此时他们将表现为"援助之手"。但事实上，还存在这样一种可能，官员的目的并不在于推动地区发展以获得晋升，而是为了自身享受和在职消费（田伟等，2009），纯粹是为了私利，那么他们将表现为"攫取之手"。由于动机的不同会导致行为的差异，追求个人私利的官员对地方经济发展将不会如追求晋升的官员那么关注，行为表现也会不同。所以为避免此类官员对研究结果可能造成的影响，本章将官员被双规和撤职的样本从样本中剔除出去，回归结果与前面一致。

### 5.5.3 市长对地区经济的影响

在城市发展过程中，每个城市除了有市委书记这个"一把手"

为地区发展掌舵之外，市长也对地区的经济发展负责，市长的晋升会与地区经济增长挂钩，市长的行为也是地方政府行为的子集，会影响地区的金融、经济发展，并最终影响企业的行为。考虑到市长对经济的影响，本章将市长任期作为控制变量添加到回归模型中，结果依旧与前面保持一致，而且市长任期这一变量与高管更换之间的关系并不显著。

### 5.5.4 业绩衡量的其他指标

考虑到业绩指标的选取可能会对检验结果造成的影响，本章参照Jenter等（2008）的做法，选择经行业调整的业绩和经地区调整的业绩作为新的业绩指标，重新进行检验，结果（见表5.8）发现，官员任期的延长依旧会削弱企业高管更换业绩敏感性，这与前面结果一致。

表5.8　　　　　其他业绩指标检验结果

| VARIABLES | （1）行业调整业绩 | （2）地区调整业绩 |
| --- | --- | --- |
| tenure | －0.004<br>(0.38) | －0.004<br>(0.41) |
| adj－roa | －0.110*<br>(1.68) | －0.096<br>(1.50) |
| tenure×adj－roa | 0.055**<br>(2.09) | 0.044*<br>(1.65) |
| ceoage | 0.010***<br>(3.88) | 0.010***<br>(3.87) |
| size | －0.024<br>(－1.27) | －0.024<br>(－1.29) |
| dual | －0.311***<br>(－5.63) | －0.311***<br>(－5.62) |

续表

| VARIABLES | (1)<br>行业调整业绩 | (2)<br>地区调整业绩 |
|---|---|---|
| board | -0.014<br>(-1.21) | -0.014<br>(-1.24) |
| indratio | -0.263<br>(-0.67) | -0.263<br>(-0.67) |
| opinion | 0.579***<br>(8.73) | 0.584***<br>(8.83) |
| big4 | -0.030<br>(-0.31) | -0.030<br>(-0.30) |
| Constant | -1.239***<br>(-2.75) | -1.223***<br>(-2.72) |
| 行业 | 控制 | 控制 |
| 年度 | 控制 | 控制 |
| 公司 | 控制 | 控制 |
| 城市 | 控制 | 控制 |
| Observations | 7563 | 7563 |
| Pseudo $R^2$ | 0.031 | 0.030 |

注：*** $p<0.01$，** $p<0.05$，* $p<0.1$。

## 5.6 结　　论

为考察政治因素对企业公司治理效率的影响，以期对政治与经济之间的互动有一个更好的了解，本章搜集了2004~2011年平均每年258个城市市委书记的个人资料，用官员任期衡量官员感受到的晋升激励，本章检验了地方官员任期对企业高管更换业绩敏感性的影响。同时本章还考察了官员的其他特征，如年龄、来源，以及企业的产权性质，对企业高管更换业绩敏感性的影响。

结果显示，任期与企业高管更换业绩敏感性之间负相关，即随着任期的延长，晋升激励强度下降，官员推进金融发展以促进经济发展的动力减弱，对企业公司治理效率的改善效果减弱，企业高管更换业绩敏感性下降；晋升空间和来源也对官员的晋升激励存在影响，来自外地、晋升空间较大的官员受晋升影响较大，其任期对企业高管更换业绩敏感性的影响也更明显。通过对企业高管更换业绩敏感性与官员任期之间的关系进行研究，本章发现地方官员影响公司行为的途径之一是对公司的治理机制产生作用。

地方官员晋升激励
与公司治理
Chapter 6

# 第 6 章 结 论

## 6.1 研究结论

政治对经济的影响是经济学研究的一个经典话题。政治人物对经济产生影响的途径包括两种：一是通过政治不确定性影响市场参与者对风险的评估，进而影响投资人的决策，对行为做出相应调整；二是通过官员的直接干预，对企业行为产生影响。目前有关研究多从第一条影响途径出发，研究了政治变动（选举、政策调整、法律变更）带来的政治不确定性对经济周期、企业行为周期的影响。但在我国，市场机制并不完善，市场行为受政府主导，所以从第二条途径出发研究我国的政治因素对经济的影响，具有特殊的意义。鉴于此，以官员任期为晋升激励的衡量指标，使用 2004～2011 年我国地级市的相关数据，本书考察了地方官员的晋升激励对企业的影响，具体议题包括：（1）地方官员与企业贷款、借款成本；（2）地方官员与会计稳健性；（3）地方官员与高管更换。本书得到以下结论：

（1）地方官员与企业贷款、借款成本。

银行与政府的亲密关系一直是经济学家关注的重点。政府可以通过其对银行的影响力，对银行的行为进行干涉，以达到其扶持地区发展或向利益相关者输送利益的目的。我国以政府为主导的银行系统更是赋予了政府官员强大的影响力，所以大量研究发现我国政府会对银行行为进行干预。但官员的行为都是基于推动当地经济发展的目的，干预银行只是一种手段，其目的是帮助企业获得更多的贷款，降低借款成本，改善经济业绩。因此，以任期为衡量指标，本书考察了官员晋升激励对企业贷款增长及借款成本的影响后发现，任期与企业贷款增长率之间显著负相关，与企业借款成本之间显著正相关，即随着任期的延长，晋升激励强度下降，官员扶持企业发展以促进经济发展的动力减弱，企业获得贷款的难度增大，企业贷款增长率下降，借款成

## 第 6 章 结 论

本上升。在分组考察中，本书发现年龄和来源也对官员的晋升激励存在影响，来自外地、晋升空间较大的官员受晋升激励影响较大，对企业贷款增长率的影响更为明显，而且国有企业的贷款增长率受官员影响更大，但是企业的借款成本只对晋升空间较大的官员反应更明显。在进一步的检验中，本书发现，在官员主导下新增的贷款，更多地投向了融资约束问题较严重、发展能力较好的企业；同时，贷款的公司治理作用也随着官员晋升激励的下降而减弱。

（2）地方官员与公司会计稳健性。

上市公司的会计稳健性水平主要是由契约、诉讼、税收、政治成本等方面的需求决定的。而出于自身政绩的需求，地方官员为区域企业争取更多的银行贷款，降低诉讼损失。这些行为降低了企业对会计稳健性的契约需求和诉讼需求。同时，地方官员的政治动机也会影响企业披露信息的行为，进而影响企业的会计稳健性水平。本书预期地方官员的晋升激励会影响企业的会计稳健性水平，企业会通过降低会计稳健性水平来迎合地方官员。又根据官员锦标赛的相关理论，地方政府官员在任职初期更渴望在新的工作职位上做出新的成绩，以获得认可，增加政治晋升的概率，而随着任期的延长，晋升激励的强度也会随之下降。因此，以 2004~2011 年市级层面的数据为研究样本，本书考察了地方官员特征（任期、来源、剩余工作年限等）对企业会计稳健性的影响后发现，任期与企业会计稳健性水平之间正相关，即随着任期的延长，晋升激励强度下降，官员推进金融发展以促进经济发展的动力减弱，市场对企业会计稳健性需求上升，企业会计稳健性水平随之上升；年龄和来源也对官员的晋升激励存在影响，来自外地、晋升空间较大的官员受晋升影响较大，其任期对企业会计稳健性水平的影响也更明显。

（3）地方官员特征与高管更换。

已有文献发现高管更换多与公司业绩糟糕、企业战略变化等因素相关。在我国，高管更换的业绩敏感性虽然不高，但高管更换发生的概率并不低,那么是有什么因素被遗漏了吗?有关文献指出,作为公司治理的外部机制,官员的政治晋升动机能够督促企业改善公司治理效率,增加高管更换业绩敏感性。而根据官员锦标赛理论,官员的政治晋升动机会受到官员任期、年龄等因素的影响。因此,以2004~2011年市级层面的数据为研究样本,本书对官员任期、年龄等因素与高管更换业绩敏感性之间的关系进行了考察,结果发现,任期与企业高管更换业绩敏感性之间呈负相关,即随着任期的延长,晋升激励强度下降,官员推进金融发展以促进经济发展的动力减弱,对企业公司治理效率的改善效果减弱,企业高管更换业绩敏感性下降;年龄和来源也对官员的晋升激励存在影响,来自外地、晋升空间较大的官员受晋升影响较大,其任期对企业高管更换业绩敏感性的影响也更明显。

## 6.2 研究贡献

总体而言,本书突破了以往探讨政府行为对经济的影响的研究范式。从官员治理特征的视角,考察了政府行为对地区经济、企业公司治理机制的影响。以往研究多关注政府换届带来的政治不确定性对经济的影响,关注的是政治不确定性因素对市场风险的影响。这些研究隐含的假设是市场机制运行完善,能及时为投资者提示由政治冲击带来的风险和对投资者的投资策略造成影响。但在我国,市场机制并不完善,市场行为受政府主导,所以我国政府与经济之间的作用机制具有独特之处。而且,本书突破了将政府视为一个整体的研究层次,从单个官员的角度,考察了官员行为对经济造成的影响。一直以来,相关研究都将政府行为视为一个打不开的"黑箱",只能简单观察其行为对经济的影响。但事实上政府是由一个个官员组成的,这些官员行为的合集构成了政府行为。准确把握单个官员的治理特征和行为动机,就能够有助于打开政府行为这个"黑箱"。

# 第6章 结 论

同时，本书还深入地探讨了官员治理特征对公司治理机制的影响路径，为官员特征如何具体地影响经济实务提供了证据，这将有助于本书更好地对官员进行监管，更好地约束政府的"攫取之手"。

## 6.3 研究局限

当然，本书还存在着一些不足。

首先，基于数据可得性的限制，本书搜集到的都是上市公司样本，观察到的地方官员对公司治理机制的影响均是基于这一样本的。事实上，上市公司属于地区经济的优质资源，在地区经济体系中占有重要的地位，很容易受到地方政府的重视和支持。所以选择它们作为研究样本可能具有一定的特殊性，对本书的结果也会造成一定的影响。

其次，本书虽然推进了地方官员对经济的研究层次，考察了地方官员特征与企业公司治理机制之间的关系，但也只属于探索性的研究。要想具体地了解地方官员对企业行为的具体影响，还有待于进一步考察他们之间的互动关系。

# 参 考 文 献

[1] 巴曙松,刘孝红,牛播坤. 转型时中国金融体系中的地方治理与银行改革的互动研究 [J]. 金融研究,2005 (05): 25 - 37.

[2] 白俊,连立帅. 国企过度投资溯因. 政府干预抑或管理层自利?[J] 会计研究,2014 (2): 41 - 48.

[3] 北京大学中国经济研究中心宏观组. 产权约束,投资低效与通货紧缩 [J]. 经济研究,2004 (9): 26 - 35.

[4] 边维慧,李自兴. 财政分权:理论与国外实践 [J]. 国外社会科学,2008 (3): 26 - 32.

[5] 宾国强. 实际利率,金融深化与中国的经济增长 [J]. 经济科学,1999 (3): 32 - 38.

[6] 曹春方,马连福,沈小秀. 财政压力,晋升压力,官员任与地方国企过度投资 [J]. 经济学 (季刊),2014 (4): 1415 - 1436.

[7] 曾庆生,陈信元. 国家控股,超额雇员与劳动力成本 [J]. 经济研究,2006 (5): 74 - 86.

[8] 陈冬华,陈信元,万华林. 国有企业中的薪酬管制与在职消费 [J]. 经济研究,2005 (2): 92 - 101.

[9] 陈冬华. 地方政府,公司治理与补贴收入——来自我国证券市场的经验证据 [J]. 财经研究,2003 (9): 15 - 21.

[10] 陈军,王亚杰. 我国金融发展与经济增长互动关系分析 [J]. 中国软科学,2002 (8): 49 - 52.

[11] 陈抗，Arye L，Hillman. 财政集权与地方政府行为变化——从援助之手到攫取之手［J］. 经济学（季刊），2002（4）：111-130.

[12] 陈诗一，张军. 中国地方政府财政支出效率研究：1978~2005［J］. 中国社会科学，2008（4）：65-78.

[13] 陈卫东，苗文龙. 政府换届，经济政策与政治经济周［J］. 经济经纬，2010（4）：14-19.

[14] 陈晓，李静. 地方政府财政行为在提升上市公司业绩中的作用探析［J］. 会计研究，2001（12）：20-28.

[15] 陈艳艳，罗党论. 地方官员更替与企业投资［J］. 经济研究，2012（S2）：18-30.

[16] 陈艳艳，谭燕，谭劲松. 政治联系与会计稳健性［J］. 南开管理评论，2013（1）：33-40.

[17] 邓川，孙金金. QFII持股，产权性质与企业融资约束［J］. 管理世界，2014（5）：180-181.

[18] 邓建平，曾勇. 政治关联能改善民营企业的经营绩效吗［J］. 中国工业经济，2009（2）：98-108

[19] 邓可斌，曾海舰. 中国企业的融资约束. 特征现象与成因检验［J］. 经济研究，2014（2）：47-60.

[20] 杜兴强，曾泉，吴洁雯. 官员历练，经济增长与政治擢升——基于1978~2008年中国省级官员的经验证据［J］. 金融研究，2012（2）：30-47.

[21] 杜颖洁，杜兴强. 银企关系，政治联系与银行借款——基于中国民营上市公司的经验证据［J］. 当代财经，2013（2）：108-118.

[22] 樊纲，王小鲁，马光荣. 中国市场化进程对经济增长的贡献［J］. 经济研究，2011（9）：4-16.

[23] 范方志，李海海，苏国强. 中国中央银行独立性与政治经济周期［J］. 社会科学，2005（11）：13-20.

[24] 方光正. 上市公司过度融资行为及其治理研究 [J]. 财会通讯（学术版），2007（6）：37-39.

[25] 冯舒，戴亦一，潘越. 中国企业的慈善捐赠是一种"政治献金"吗？——来自市委书记更替的证据 [J]. 经济研究，2014（2）：74-86.

[26] 傅勇，张晏. 中国式分权与财政支出结构偏向：为增长而竞争的代价 [J]. 管理世界，2007（3）：4-12.

[27] 高鹤. 财政分权，地方政府行为与中国经济转型：一个评述 [J]. 经济学动态，2004（6）：108-112.

[28] 高雷，何少华，仪垂林. 国家控制，政府干预，银行债务与资金侵占 [J]. 金融研究，2006（6）：90-98.

[29] 葛传红. 财政联邦主义. 中印经济转型的分权逻辑 [J]. 社会科学研究，2010（4）：27-32.

[30] 耿强，江飞涛，傅坦. 政策性补贴，产能过剩与中国的经济波动——引入产能利用率RBC模型的实证检验 [J]. 中国工业经济，2011（5）：27-36.

[31] 顾乃康，孙进军. 现金的市场价值——基于中国上市公司的实证研究 [J]. 管理科学，2008（4）：96-104.

[32] 顾元媛，沈坤荣. 地方官员创新精神与地区创新——基于长三角珠三角地级市的经验证据 [J]. 金融研究，2012（11）：89-102.

[33] 郭庆旺，贾俊雪. 地方政府行为，投资冲动与宏观经济稳定 [J]. 管理世界，2006（5）：19-25.

[34] 韩剑，郑秋玲. 政府干预如何导致地区资源错配——基于行业内和行业间错配的分解 [J]. 中国工业经济，2014（11）：69-81.

[35] 胡奕明，林文雄，李思琦. 大贷款人角色. 我国银行具有监督作用吗？[J]. 经济研究，2008（10）：52-64.

[36] 胡奕明，唐松莲. 审计，信息透明度与银行贷款利率 [J]. 审计研究，2007 (6)：74-84.

[37] 胡奕明，谢诗蕾. 银行监督效应与贷款定价——来自上市公司的一项经验研究，管理世界，2005 (5)：27-36.

[38] 胡援成，刘明艳. 中国上市公司债务限结构影响因素：面板数据分析 [J]. 管理世界，2011 (2)：175-177.

[39] 黄珺，黄妮. 过度投资，债务结构与治理效应——来自中国房地产上市公司的经验证据 [J]. 会计研究，2012 (9)：67-72.

[40] 吉利，邓博夫，毛洪涛. 预算约束，政府干预与工程项目成本——来自中国国有大型施工企业的经验证据 [J]. 南开管理评论，2014 (3)：94-102.

[41] 纪志宏，周黎安，王鹏. 地方官员晋升激励与银行信贷——来自中国城市商业银行的证据 [J]. 金融研究，2014 (1)：1-15.

[42] 江飞涛，耿强，吕大国. 地区竞争，体制扭曲与产能过剩的形成机理 [J]. 中国工业经济，2012 (6)：44-56.

[43] 蒋海，李赟宏. 中国金融监管体制的变迁及改革路径选择 [J]. 广东金融学院学报，2009 (5)：38-46.

[44] 金太军，汪波. 经济转型与我国中央—地方关系制度变迁 [J]. 管理世界，2003 (6)：43-51.

[45] 雷光勇，王文忠，邱保印. 政治冲击，银行信贷与会计稳健性 [J]. 财经研究，2015 (3)：121-131.

[46] 李科，徐龙炳. 融资约束，债务能力与公司业绩 [J]. 经济研究，2011 (5)：61-73.

[47] 李涛，周业安. 财政分权视角下的支出竞争和中国经济增长——基于中国省级面板数据的经验研究 [J]. 世界经济，2008 (11)：3-15.

[48] 李维安，钱先航. 地方官员治理与城市商业银行的信贷投放 [J]. 经济学（季刊），2012 (4)：1239-1260.

[49] 李维安,邱艾超,阎大颖.企业政治关系研究脉络梳理与未来展望 [J].外国经济与管理,2010 (5):48-55.

[50] 李维安,徐业坤.政治身份的避税效应 [J].金融研究,2013 (3):114-129.

[51] 李增泉,辛显刚,于旭辉.金融发展,债务融资约束与金字塔结构——来自民营企业集团的证据 [J].管理世界,2008 (1):123-135.

[52] 林毅夫,李志赟.政策性负担,道德风险与预算软约束 [J].经济研究,2004 (2):17-27.

[53] 林毅夫,刘志强.中国的财政分权与经济增长 [J].北京大学学报(哲学社会科学版),2000 (4):5-17.

[54] 林毅夫,孙希芳.银行业结构与经济增长 [J].经济研究,2008 (9):31-45.

[55] 林永坚,王志强,李茂良.高管变更与盈余管理——基于应计项目操控与真实活动操控的实证研究 [J].南开管理评论,2013 (1):4-14.

[56] 刘瑞明,白永秀.晋升激励,宏观调控与经济周:一个政治经济学框架 [J] 南开经济研究,2007 (5):19-31.

[57] 刘星,代彬,郝颖.高管权力与公司治理效率——基于国有上市公司高管变更的视角 [J].管理工程学报,2012 (1):1-12.

[58] 卢峰,姚洋.金融压抑下的法治,金融发展和经济增长 [J].中国社会科学,2004 (1):42-55.

[59] 罗党论,甄丽明.民营控制,政治关系与企业融资约束——基于中国民营上市公司的经验证据 [J].金融研究,2008 (12):164-178.

[60] 毛剑峰,杨梅,王佳伟.政府干预,股权结构与企业绩效关系的实证 [J].统计与决策,2015 (5):157-159.

[61] 潘红波,夏新平,余明桂. 政府干预,政治关联与地方国有企业并购 [J]. 经济研究,2008 (4):41-52.

[62] 皮建才. 中国式分权下的地方官员治理研究 [J]. 经济研究,2012 (10):14-26.

[63] 钱先航,曹春方. 信用环境影响银行贷款组合吗——基于城市商业银行的实证研究 [J]. 金融研究,2013 (4):57-70.

[64] 钱先航,曹廷求,李维安. 晋升压力,官员任与城市商业银行的贷款行为 [J]. 经济研究,2011 (12):72-85.

[65] 钱先航,徐业坤. 官员更替,政治身份与民营上市公司的风险承担 [J]. 经济学(季刊),2014 (4):1437-1460.

[66] 钱颖一,许成钢,董彦彬. 中国的经济改革为什么与众不同——M型的层级制和非国有部门的进入与扩张 [J]. 经济社会体制比较,1993 (1):29-40.

[67] 瞿旭,杨丹,瞿彦卿. 创始人保护,替罪羊与连坐效应——基于会计违规背景下的高管变更研究 [J]. 管理世界,2012 (5):137-151.

[68] 沈坤荣,付文林. 中国的财政分权制度与地区经济增长 [J]. 管理世界,2005 (1):31-39.

[69] 石水平. 控制权转移,超控制权与大股东利益侵占——来自上市公司高管变更的经验证据 [J]. 金融研究,2010 (4):160-176.

[70] 宋凌云,王贤彬,徐现祥. 地方官员引领产业结构变动 [J]. 经济学(季刊),2013 (1):71-92.

[71] 孙克敏. 财政体制变迁与地方政府竞争 [J]. 商业研究,2002 (20):12-13.

[72] 孙铮,刘凤委,李增泉. 市场化程度,政府干预与企业债务限结构——来自我国上市公司的经验证据 [J]. 经济研究,2005 (5):52-63.

[73] 唐建新,卢剑龙,余明桂.银行关系,政治联系与民营企业贷款——来自中国民营上市公司的经验证据[J].经济评论,2011(3):51-58.

[74] 唐松,杨勇,孙铮.金融发展,债务治理与公司价值——来自中国上市公司的经验证据[J].财经研究,2009(6):4-16.

[75] 唐雪松,周晓苏,马如静.政府干预,GDP增长与地方国企过度投资[J].金融研究,2010(8):33-48.

[76] 陶然,苏福兵,陆曦.经济增长能够带来晋升吗?——对晋升锦标竞赛理论的逻辑挑战与省级实证重估[J].管理世界,2010(12):13-26.

[77] 田伟,田红云.晋升博弈,地方官员行为与中国区域经济差异[J].南开经济研究,2009(1):133-152.

[78] 王国松.中国的利率管制与利率市场化[J].经济研究,2001(6):13-20.

[79] 王文甫,明娟,岳超云.企业规模,地方政府干预与产能过剩[J].管理世界,2014(10):17-36.

[80] 王贤彬,徐现祥,李郇.地方官员更替与经济增长[J].经济学(季刊),2009(4):1301-1328.

[81] 王贤彬,徐现祥.地方官员晋升竞争与经济增长[J].经济科学,2010(6):42-58.

[82] 王贤彬,徐现祥.地方官员来源,去向,任期与经济增长——来自中国省长省委书记的证据[J].管理世界,2008(3):16-26.

[83] 王贤彬,张莉,徐现祥.什么决定了地方财政的支出偏向——基于地方官员的视角[J].经济社会体制比较,2013(6):157-167.

[84] 王贤彬,张莉,徐现祥.辖区经济增长绩效与省长省委书记晋升[J].经济社会体制比较,2011(1):110-122.

[85] 王彦超. 融资约束, 现金持有与过度投资 [J]. 金融研究, 2009 (7): 121-133.

[86] 温娇秀. 中国的财政分权与经济增长——基于省级面板数据的实证 [J]. 当代经济科学, 2006 (5): 109-113.

[87] 吴超鹏, 吴世农, 程静雅. 风险投资对上市公司投融资行为影响的实证研究 [J]. 经济研究, 2012 (1): 105-119.

[88] 吴超鹏, 叶小杰, 吴世农. 政治关联, 并购绩效与高管变更——基于我国上市公司的实证研究 [J]. 经济学家2, 2012 (2): 90-99.

[89] 吴昊. 简论财政联邦主义理论在中国的适用性 [J]. 经济研究导刊, 2009 (18): 18-19.

[90] 夏立军, 方轶强. 政府控制, 治理环境与公司价值——来自中国证券市场的经验证据 [J]. 经济研究, 2005 (5): 40-51.

[91] 谢群松. 财政分权. 中国财产税改革的前景 [J]. 管理世界, 2001 (4): 96-105.

[92] 辛清泉, 林斌, 王彦超. 政府控制, 经理薪酬与资本投资 [J]. 经济研究, 2007 (8): 110-122.

[93] 徐斌. 财政联邦主义理论与地方政府竞争: 一个综述 [J]. 当代财经, 2003 (12): 27-29.

[94] 徐浩萍, 吕长江. 政府角色, 所有权性质与权益资本成本 [J]. 会计研究, 2007 (6): 61-67.

[95] 徐业坤, 钱先航, 李维安. 政治不确定性, 政治关联与民营企业投资——来自市委书记更替的证据 [J]. 管理世界, 2013 (5): 116-130.

[96] 杨灿明, 赵福军. 财政分权理论及其发展述评 [J]. 中南财经政法大学学报, 2004 (4): 3-10.

[97] 杨海生, 陈少凌, 周永章. 地方政府竞争与环境政策——来自中国省份数据的证据 [J]. 南方经济, 2008 (6): 15-30.

[98] 杨海生,罗党论,陈少凌. 资源禀赋,官员交流与经济增长 [J]. 管理世界, 2010 (5): 17-26.

[99] 杨华军,胡奕明. 制度环境与自由现金流的过度投资 [J]. 管理世界, 2007 (9): 99-106.

[100] 杨其静,聂辉华. 保护市场的联邦主义及其批判 [J]. 经济研究, 2008 (3): 99-114.

[101] 叶康涛,刘行. 税收征管,所得税成本与盈余管理 [J]. 管理世界, 2011 (5): 140-148.

[102] 叶若慧,王成方. 公司治理,高管变更与经济后果. 一个文献综述 [J]. 南京财经大学学报, 2010 (4): 80-86.

[103] 易纲,宋旺. 中国金融资产结构演进:1991~2007 [J]. 经济研究, 2008 (8): 4-15.

[104] 于静霞. 盈余管理与银行债务融资成本的实证研究——来自A股市场的经验证据 [J]. 财政研究, 2011 (11): 68-72.

[105] 于蔚,汪淼军,金祥荣. 政治关联和融资约束. 信息效应与资源效应 [J]. 经济研究, 2012 (9): 125-139.

[106] 于文超,何勤英. 投资者保护,政治联系与资本配置效率 [J]. 金融研究, 2012 (5): 152-166.

[107] 余明桂,回雅甫,潘红波. 政治联系,寻租与地方政府财政补贴有效性 [J]. 经济研究, 2010 (3): 65-77.

[108] 余明桂,潘红波. 政治关系,制度环境与民营企业银行贷款 [J]. 管理世界, 2008 (8): 9-21.

[109] 余玉苗,王宇生. 银行治理,股权结构与审计收费——基于A股上市公司的经验证据 [J]. 审计研究, 2011 (4): 79-86.

[110] 郁建兴,高翔. 地方发展型政府的行为逻辑及制度基础 [J]. 中国社会科学, 2012 (5): 95-112.

[111] 袁淳,荆新,廖冠民. 国有公司的信贷优惠. 信贷干预还是隐性担保?——基于信用贷款的实证检验 [J]. 会计研究,

2010 (8): 49-54.

[112] 张尔升, 胡国柳. 地方官员的个人特征与区域产业结构高级化——基于中国省委书记, 省长的分析视角 [J]. 中国软科学, 2013 (6): 71-83.

[113] 张尔升. 地方官员的企业背景与经济增长——来自中国省委书记, 省长的证据 [J]. 中国工业经济, 2010 (3): 129-138.

[114] 张洪辉, 王宗军. 政府干预, 政府目标与国有上市公司的过度投资 [J]. 南开管理评论, 2010 (3): 101-108.

[115] 林毅夫, 张军, 高远. 官员任期, 异地交流与经济增长——来自省级经验的证据 [J]. 经济研究, 2007 (11): 91-103.

[116] 张军, 金煜. 中国的金融深化和生产率关系的再检测: 1987~2001 [J]. 经济研究, 2005 (11): 34-45.

[117] 张敏, 张胜, 王成方. 政治关联与信贷资源配置效率——来自我国民营上市公司的经验证据 [J]. 管理世界, 2010 (11): 143-153.

[118] 张澍. 财政联邦主义理论的新发展 [J]. 财经科学, 2004 (5): 104-107.

[119] 张翔, 张帅, 王洪标. 中国政府行政机构改革的历史回顾与思考 [J]. 河北联合大学学报 (社会科学版), 2012 (1): 17-19.

[120] 张晏, 龚六堂. 分税制改革, 财政分权与中国经济增长 [J]. 经济学 (季刊), 2005 (4): 75-108.

[121] 赵磊. 基于财政联邦主义的中国财政分权实证研究 [J]. 产业与科技论坛, 2014 (15): 105-106.

[122] 钟海燕, 冉茂盛, 文守逊. 政府干预, 内部人控制与公司投资 [J]. 管理世界, 2010 (7): 98-108.

[123] 周刚志, 黄庆向. 联邦主义理论与我国的国家结构 [J]. 中南大学学报 (社会科学版), 2007 (1): 28-34.

[124] 周黎安, 刘冲, 厉行. 税收努力, 征税机构与税收增长

之谜 [J]. 经济学（季刊），2012（1）：1-18.

[125] 周黎安，陶婧. 官员晋升竞争与边界效应——以省区交界地带的经济发展为例 [J]. 金融研究，2011（3）：15-26.

[126] 周黎安，赵鹰妍，李力雄. 资源错配与政治周期 [J]. 金融研究，2013（3）：15-29.

[127] 周黎安. 官员晋升锦标赛与竞争冲动 [J]. 人民论坛，2010（10）：26-27.

[128] 周黎安. 晋升博弈中政府官员的激励与合作——兼论我国地方保护主义和重复建设问题长存在的原因 [J]. 经济研究，2004（6）：33-40.

[129] 周黎安. 中国地方官员的晋升锦标赛模式研究 [J]. 经济研究，2007（7）：36-50.

[130] 周黎安. 中国地方政府公共服务的差异：一个理论假说及其证据 [J]. 新余高专学报，2008（4）：5-6.

[131] 周业安，章泉. 财政分权，经济增长和波动 [J]. 管理世界，2008（3）：6-15.

[132] 周业安，赵晓男. 地方政府竞争模式研究——构建地方政府间良性竞争秩序的理论和政策分析 [J]. 管理世界，2002（12）：52-61.

[133] 周泽将，杜颖洁，杜兴强. 政治联系，最终控制人，制度环境与银行借款——基于国有上市公司 2004~2008 年的经验证据 [J]. 当代经济科学，2011（3）：33-42.

[134] Abdul, W. E. A., Mat, Z. M., Abdul Rahman, R. Political connections. a threat to auditor independence? [J]. Journal of Accounting in Emerging Economies, 2015, Vol. 5 (2): 222-246.

[135] Adams, R. B., F. A theory of friendly boards [J]. The Journal of Finance, 2007, Vol. 62 (1): 217-250.

[136] Adams, R. B., Ferreira, D. Women in the boardroom and

their impact on governance and performance [J]. Journal of Financial Economics, 2009, Vol. 94 (2): 291 - 309.

[137] Agrawal, A., Knoeber, C. R., Tsoulouhas T. Are outsiders handicapped in CEO successions? [J]. Journal of Corporate Finance, 2006, Vol. 12 (3): 619 - 644.

[138] Allen, F., Qian, J., Qian, M. Law, finance, and economic growth in China [J]. Journal of Financial Economics, 2005, Vol. 77 (1): 57 - 116.

[139] Allgood, S., Farrell, K. A., Kamal, R. Do boards know when they hire a CEO that is a good match? Evidence from initial compensation [J]. Journal of Corporate Finance, 2012, Vol. 18 (5): 1051 - 1064.

[140] Amore, M. D., Minichilli, A., Corbetta, G. How do managerial successions shape corporate financial policies in family firms? [J]. Journal of Corporate Finance, 2011, Vol. 17 (4): 1016 - 1027.

[141] Antia, M., Kim, I., Pantzalis, C. Political geography and corporate political strategy [J]. Journal of Corporate Finance, 2013, Vol. (22): 361 - 374.

[142] Antia, M., Pantzalis, C., Park, J. C. CEO decision horizon and firm performance. An empirical investigation [J]. Journal of Corporate Finance, 2010, Vol. 16 (3): 288 - 301.

[143] Ball, R., Kothari, S. P., Robin, A. The effect of international institutional factors on properties of accounting earnings [J]. Journal of Accounting and Economics, 2000, Vol. 29 (1): 1 - 51.

[144] Ball, R., Robin, A., Wu. J. S. Incentives versus standards. properties of accounting income in four East Asian countries [J]. Journal of Accounting and Economics, 2003, Vol. 36 (1 - 3): 235 - 270.

[145] Barth, J. R., Lin, C., Lin, P. Corruption in bank lending to firms. Cross – country micro evidence on the beneficial role of competition and information sharing [J]. Journal of Financial Economics, 2009, Vol. 91 (3): 361 – 388.

[146] Beatty, A., Liao, S. Financial accounting in the banking industry. A review of the empirical literature [J]. Journal of Accounting and Economics, 2014, Vol. 58 (2 – 3): 339 – 383.

[147] Beck, T., Demirguc – Kunt, A., Levine, R. Bank supervision and corruption in lending [J]. Journal of Monetary Economics, 2006, Vol. 53 (8): 2131 – 2163.

[148] Beck T., Demirguc – Kunt, A., Martinez P. M. S. Reaching out. Access to and use of banking services across countries [J]. Journal of Financial Economics, 2007, Vol. 85 (1): 234 – 266.

[149] Beck, T., Levine, R., Loayza, N. Finance and the sources of growth [J]. Journal of Financial Economics, 2000, Vol. 58 (1 – 2): 261 – 300.

[150] Beck, T., Lin, C., Ma, Y. Why Do Firms Evade Taxes? The Role of Information Sharing and Financial Sector Outreach [J]. The Journal of Finance, 2014, Vol. 69 (2): 763 – 817.

[151] Bekaert, G., Harvey, C., Lundblad, C. Does financial liberalization spur growth? [J]. Journal of Financial Economics, 2005, Vol. 77 (1): 3 – 55.

[152] Benson, B. W., Davidson, W. N. Reexamining the managerial ownership effect on firm value [J]. Journal of Corporate Finance, 2009, Vol. 15 (5): 573 – 586.

[153] Beyer, A., Cohen, D. A., Lys, T. Z. The financial reporting environment. review of the recent literature [J]. Journal of Accounting and Economics, 2010, Vol. 50 (2/3): 296 – 343.

[154] Boutchkova, M., Doshi, H., Durnev, A. Precarious politics and return volatility, The review of financial studies, 2012, Vol. 25 (4): 1111-1154.

[155] Brick, I. E., Chidambaran, N. K. Board meetings, committee structure, and firm value [J]. Journal of Corporate Finance, 2010, Vol. 16 (4): 533-553.

[156] Brickley, J. A. Empirical research on CEO turnover and firm-performance. a discussion [J]. Journal of Accounting and Economics, 2003, Vol. 36 (1-3): 227-233.

[157] Brookman, J., Thistle, P. D. CEO tenure, the risk of termination and firm value [J]. Journal of Corporate Finance, 2009, Vol. 15 (3): 331-344.

[158] Brueckner, J. K., A test for allocative efficiency in the local public Sector [J]. Journal of Public Economics, 1982, Vol. 19 (3): 311-331.

[159] Bushman, R. M., Piotroski, J. D. Financial reporting incentives for conservative accounting. The influence of legal and political institutions [J]. Journal of Accounting and Economics, 2006, Vol. 42 (1-2): 107-148.

[160] Bushman, R. M., Piotroski, J. D., Smith A, J. What determines corporate transparency? [J]. Journal of Accounting Research, 2004, Vol. 42 (2): 207-252.

[161] Bushman, R., Dai, Z., Wang, X. Risk and CEO turnover [J]. Journal of Financial Economics, 2010, Vol. 96 (3): 381-398.

[162] Campbell, T. C., Gallmeyer, M., Johnson. S. A. CEO optimism and forced turnover [J]. Journal of Financial Economics, 2011, Vol. 101 (3): 695-712.

[163] Cao, J., Pan, X., Tian, G. Disproportional ownership

structure and pay – performance relationship. Evidence from China's listed firms [J]. Journal of Corporate Finance, 2011, Vol. 17 (3): 541 – 554.

[164] Casamatta, C., Guembel, A. Managerial legacies, entrenchment, and strategic inertia [J]. The Journal of Finance, 2010, Vol. 65 (6): 2403 – 2436.

[165] Case, A. C., Rosen, H. S., Hines, J. R., Budget spillovers and fiscal policy interdependence. Evidence from the States [J]. Journal of Public Economics, 1993, Vol. 52 (3): 285 – 307.

[166] Chakraborty, A., Sheikh, S., Subramanian, N. Termination risk and managerial risk taking [J]. Journal of Corporate Finance, 2007, Vol. 13 (1): 170 – 188.

[167] Chaney, P. K., Faccio, M., Parsley, D. The quality of accounting information in politically connected firms [J]. Journal of Accounting and Economics, 2011, Vol. 51 (1 – 2): 58 – 76.

[168] Chang, E. C., Wong, S. M. L. Governance with multiple objectives. Evidence from top executive turnover in China [J]. Journal of Corporate Finance, 2009, Vol. 15 (2): 230 – 244.

[169] Chen, G., Firth, M., Gao, D. N. Ownership structure, corporate governance, and fraud. Evidence from China [J]. Journal of Corporate Finance, 2006, Vol. 12 (3): 424 – 448.

[170] Chen, S., Sun, Z., Tang, S. Government intervention and investment efficiency. Evidence from China [J]. Journal of Corporate Finance, 2011, Vol. 17 (2): 259 – 271.

[171] Claessens, S., Feijen, E., Laeven, L. Political connections and preferential access to finance. the role of campaign contributions [J]. Journal of Financial Economics, 2008, Vol. 88 (3): 554 – 580.

[172] Conyon, M. J., He, L. Executive compensation and corpo-

rate governance in China [J]. Journal of Corporate Finance, 2011, Vol. 17 (4): 1158 – 1175.

[173] Defond, M. L. , Hung, M. Investor protection and corporate governance. Evidence from worldwide CEO turnover [J]. Journal of Accounting Research, 2004, Vol. 42 (2): 269 – 312.

[174] Devos, E. , Dhillon, U, . Jagannathan, M. Why are firms unlevered? [J]. Journal of Corporate Finance, 2012, Vol. 18 (3): 664 – 682.

[175] Dinc, I. Politicians and banks. Political influences on government – owned banks in emerging markets [J]. Journal of Financial Economics, 2005, Vol. 77 (2): 453 – 479.

[176] Dittmann, I. , Maug, E. , Zhang, D. Restricting CEO pay [J]. Journal of Corporate Finance, 2011, Vol. 17 (4): 1200 – 1220.

[177] Djankov, S. , La Porta, R. , Lopez – de – Silanes, F. The law and economics of self – dealing [J]. Journal of Financial Economics, 2008, Vol. 88 (3): 430 – 465.

[178] Easterwood [J]. J. C. , İnce, O. S. , Raheja, C. G. The evolution of boards and CEOs following performance declines [J]. Journal of Corporate Finance, 2012, Vol. 18 (4): 727 – 744.

[179] Eckbo, B. E. Bidding strategies and takeover premiums. A review [J]. Journal of Corporate Finance, 2009, Vol. 15 (1): 149 – 178.

[180] Eisfeldt, A. L. , Kuhnen, C. M. CEO turnover in a competitive assignment framework [J]. Journal of Financial Economics, 2013, Vol. 109 (2): 351 – 372.

[181] Eisfeldt, A. L. , Rampini, A. A. Managerial incentives, capital reallocation, and the business cycle [J]. Journal of Financial Economics, 2008, Vol. 87 (1): 177 – 199.

[182] Ertimur, Y., Ferri, F., Maber, D. A. Reputation penalties for poor monitoring of executive pay. Evidence from option backdating [J]. Journal of Financial Economics, 2012, Vol. 104 (1): 118 – 144.

[183] Ertugrul, M., Krishnan, K. Can CEO dismissals be proactive? [J]. Journal of Corporate Finance, . 2011, Vol. 17 (1): 134 – 151.

[184] Fan, J., P. H., Huang, J., Zhu, N. Institutions, ownership structures, and distress resolution in China [J]. Journal of Corporate Finance, 2013, Vol. (23): 71 – 87.

[185] Fan, J., P. H., Rui, O. M., Zhao, M. Public governance and corporate finance. Evidence from corruption cases [J]. Journal of Comparative Economics, 2008, Vol. 36 (3): 343.

[186] Fan, J., P. H., Wei, K. C. J., Xu, X. Corporate finance and governance in emerging markets. A selective review and an agenda for future research [J]. Journal of Corporate Finance, 2011, Vol. 17 (2): 207 – 214.

[187] Fan, J., Wong, T., Zhang, T. Politically connected CEOs, corporate governance, and Post – IPO performance of China's newly partially privatized firms [J]. Journal of Financial Economics, 2007, Vol. 84 (2): 330 – 357.

[188] Farrell, K. A., Whidbee, D. A. Impact of firm performance expectations on CEO turnover and replacement decisions [J]. Journal of Accounting and Economics, 2003, Vol. 36 (1 – 3): 165 – 196.

[189] Firth, M., Fung, P. M. Y., Rui, O. M. Corporate performance and CEO compensation in China [J]. Journal of Corporate Finance, 2006, Vol. 12 (4): 693 – 714.

[190] Firth, M., Fung, P. M. Y., Rui, O. M. Firm performance, governance structure, and top management turnover in a transitional

economy [J]. Journal of Management Studies, .2006, Vol. 43 (6): 1289 – 1330.

[191] Fisman, R. Estimating the value of political connections, The American economic review, 2001, Vol. 91 (4): 1095 – 1102.

[192] Francis, B., Hasan, I., John, K. Asymmetric benchmarking of pay in firms [J]. Journal of Corporate Finance, 2013, Vol. (23): 39 – 53.

[193] Gao, H., Harford, J., Li, K. CEO pay cuts and forced turnover. Their causes and consequences [J]. Journal of Corporate Finance, 2012, Vol. 18 (2): 291 – 310.

[194] Gillan. S. L. Recent developments in corporate governance. An overview [J]. Journal of Corporate Finance, 2006, Vol. 12 (3): 381 – 402.

[195] Goh, B. W., Li, D. Internal controls and conditional conservatism [J]. The Accounting Review, 2011, Vol. 86 (3): 975 – 1005.

[196] Gormley, T. A., Kim, B. H., Martin, X. Do firms adjust their timely loss recognition in response to changes in the banking industry? [J]. Journal of accounting research, 2012, Vol. 50 (1): 159 – 196.

[197] Guay, W. Discussion of Elections and Discretionary Accruals. Evidence from 2004 [J]. Journal of Accounting Research, 2010, Vol. 48 (2): 477 – 487.

[198] Guay, W., Verrecchia, R. Discussion of an economic framework for conservative accounting and Bushman and Piotroski (2006) [J]. Journal of Accounting and Economics, 2006, Vol. 42 (1 – 2): 149 – 165.

[199] Haw, I., Lee, J. J., Lee, W. Debt financing and accounting conservatism in private firms, Contemporary Accounting Research, 2014, Vol. 31 (4): 1220 – 1259.

[200] Hazarika, S., Karpoff, J. M., Nahata, R. Internal corpo-

rate governance, CEO turnover, and earnings management [J]. Journal of Financial Economics, 2012, Vol. 104 (1): 44 – 69.

[201] Helwege, J., Intintoli, V. J., Zhang, A. Voting with their feet or activism? Institutional investors' impact on CEO turnover [J]. Journal of Corporate Finance, . 2012, Vol. 18 (1): 22 – 37.

[202] Holthausen, R. W. Testing the relative power of accounting standards versus incentives and other institutional features to influence the outcome of financial reporting in an international setting [J]. Journal of Accounting and Economics, 2003, Vol. 36 (1 – 3): 271 – 283.

[203] Hornstein, A. S. Corporate capital budgeting and CEO turnover [J]. Journal of Corporate Finance, 2013, Vol. (20): 41 – 58.

[204] Houston, J. F., Lin, C., Lin, P. Creditor rights, information sharing, and bank risk taking [J]. Journal of Financial Economics, 2010, Vol. 96 (3): 485 – 512.

[205] Houston, J. F., Lin, C., Ma, Y. Media ownership, concentration and corruption in bank lending [J]. Journal of Financial Economics, 2011, Vol. 100 (2): 326 – 350.

[206] Hung, M., Wong, T. J., Zhang, T. Political considerations in the decision of Chinese SOEs to list in Hong Kong [J]. Journal of Accounting and Economics, 2012, Vol. 53 (1/2): 435 – 449.

[207] Jian, M., Lee, K. W. Does CEO reputation matter for capital investments? [J]. Journal of Corporate Finance, 2011, Vol. 17 (4): 929 – 946.

[208] Jin, H., Qian, Y., Weingast, B. R. Regional decentralization and fiscal incentives. Federalism, Chinese style [J]. Journal of Public Economics, 2005, Vol. 89 (9 – 10): 1719 – 1742.

[209] Jones, Benjamin F., and A. Olken, Benjamin. Do Leaders Matter? National Leadership and Growth since World War II [J]. Quar-

terly Journal of Economics, 2005, Vol. 120 (3): 835 - 864.

[210] Julio, B., and Yook, Y. Political Uncertainty and Corporate Investment Cycles [J]. Journal of Finance, 2012, Vol. 67 (4): 45 - 83.

[211] Qian, J., Strahan, P. E. How Law and Institutions Shape Financial Contracts. The Case of Bank Loans [J]. The Journal of Finance, 2007, Vol. 62 (6): 2803 - 2834.

[212] Khan, M., Watts, R. L. Estimation and empirical properties of a firm - year measure of accounting conservatism [J]. Journal of Accounting and Economics, 2009, Vol. 48 (2/3): 132 - 150.

[213] Kido, N., Petacchi, R., Weber, J. The influence of elections on the accounting choices of governmental entities [J]. Journal of Accounting Research, 2012, Vol. 50 (2): 443 - 476.

[214] Kim, K. Blockholder monitoring and the efficiency of pay - performance benchmarking [J]. Journal of Corporate Finance, 2010, Vol. 16 (5): 748 - 766.

[215] Kryzanowski, L., Zhang, Y. Financial restatements and Sarbanes - Oxley: Impact on Canadian firm governance and management turnover [J]. Journal of Corporate Finance, 2013, Vol. (21): 87 - 105.

[216] La Porta, R., Lopez - de - Silanes, F., Shleifer, A., Law and finance [J]. Journal of Political Economy, 1998, Vol. 106 (6): 1113 - 1155.

[217] La Porta, R., Lopez - de - Silanes, F., Shleifer, A. The economic consequences of legal origins [J]. Journal of Economic Literature, 2008, Vol. 46 (2): 285 - 332.

[218] La Porta, R., Lopez - de - Silanes, F., Shleifer, A. Investor protection and corporate governance [J]. Journal of financial economics, 2000, Vol. 58 (1/2): 3 - 27.

[219] La Porta, R. , Shleifer, A. , Vishny, R. Investor protection and corporate valuation [J]. The Journal of Finance, 2002, Vol. 57 (3): 1147 – 1170.

[220] La Porta, R. , Shleifer, A. , Vishny, R. , Legal determinants of external finance [J]. The Journal of Finance, 1997, Vol. 52 (3): 1131 – 1150.

[221] LaFond, R. , Watts, R. L. The information role of conservatism [J]. The Accounting Review, 2008, Vol. 83 (2): 447 – 478.

[222] Laux, V. Stock option vesting conditions, CEO turnover, and myopic investment [J]. Journal of Financial Economics, 2012, Vol. 106 (3): 513 – 526.

[223] Lehn, K. M. , Zhao, M. CEO turnover after acquisitions. are bad bidders fired? [J]. The Journal of Finance, 2006, Vol. 61 (4): 1759 – 1811.

[224] Lel, U. , Miller, D. International cross – listing, firm performance, and top management turnover. A test of the bonding hypothesis [J]. The Journal of Finance, 2008, Vol. 63 (4): 1897 – 1937.

[225] Leung, S. , Hu, F. Top management turnover, firm performance and government control. Evidence from Chinas listed state – owned enterprises [J]. The International Journal of Accounting, 2012, Vol. 47 (2): 235.

[226] Leuz, C. , Oberholzergee, F. Political relationships, global financing, and corporate transparency. Evidence from Indonesia [J]. Journal of Financial Economics, 2006, Vol. 81 (2): 411 – 439.

[227] Levine, R. E. , Financial development and economic growth. views and agenda [J]. Journal of economic literature, 1997, Vol. 35 (2): 688 – 726.

[228] Li, F. , Srinivasan, S. Corporate governance when founders

are directors [J]. Journal of Financial Economics, 2011, Vol. 102 (2): 454 - 469.

[229] Li, H., Zhou, L. Political turnover and economic performance. the incentive role of personnel control in China [J]. Journal of Public Economics, 2005, Vol. 89 (9 - 10): 1743 - 1762.

[230] Liang, Q., Teng [J]. J. Financial development and economic growth. Evidence from China [J]. China Economic Review, 2006, Vol. 17 (4): 395 - 411.

[231] Lin, C., Ma, Y., Malatesta, P. Ownership structure and the cost of corporate borrowing [J]. Journal of Financial Economics, 2011, Vol. 100 (1): 1 - 23.

[232] Lin, K. J., Tan, J., Zhao, L. In the name of charity. Political connections and strategic corporate social responsibility in a transition economy [J]. Journal of Corporate Finance, 2015, Vol. (32): 327 - 346.

[233] Liu, W., Ngo, P. T. H. Elections, political competition and bank failure [J]. Journal of Financial Economics, 2014, Vol. 112 (2): 251 - 268.

[234] Long, T. K., C. Executive turnover and firm performance in China [J]. The American Economic Review, 2006, Vol. 96 (2): 363.

[235] Masulis, R. W., and Mobbs, S. Are all inside directors the same? Evidence from the external directorship market [J]. The Journal of Finance, 2011, Vol. 66 (3): 823 - 872.

[236] Miller, G. S. Discussion of what determines corporate transparency? [J]. Journal of Accounting Research, 2004, Vol. 42 (2): 253 - 268.

[237] Mobbs, S., Raheja, C. G. Internal managerial promotions.

Insider incentives and CEO succession [J]. Journal of Corporate Finance, 2012, Vol. 18 (5): 1337 – 1353.

[238] Nagar, V. Discussion of investor protection and corporate governance. Evidence from CEO turnover [J]. Journal of Accounting Research, 2004, Vol. 42 (2): 313 – 318.

[239] Nini, G., Smith, D. C., Sufi, A. Creditor control rights and firm investment policy [J]. Journal of Financial Economics, 2009, Vol. 92 (3): 400 – 420.

[240] Oates, W. E., An essay on fiscal federalism [J]. Journal of economic literature, 1999, Vol. 37 (3): 1120 – 1149.

[241] Pástor, L., Veronesi, P. Uncertainty about government policy and stock prices [J]. The Journal of Finance, 2012, Vol. 67 (4): 1219 – 1264.

[242] Pástor, L., Veronesi, P. Political uncertainty and risk premia [J]. Journal of Financial Economics, 2013, Vol. 110 (3): 520 – 545.

[243] Perry, T., Peyer, U. Board seat accumulation by executives. a shareholder's perspective [J]. The Journal of Finance, 2005, Vol. 60 (4): 2083 – 2123.

[244] Piotroski, J. D., Wong, T. J., Zhang, T. Political incentives to suppress negative information. Evidence from Chinese listed firms [J]. Journal of Accounting Research, 2015, Vol. 53 (2): 405 – 459.

[245] Pollakowski, H. O., The effects of property taxes and local public spending on property values [J]. Journal of Political Economy, 1973, Vol. 81 (4): 994.

[246] Pommerehne, W. W., Institutional approaches to public expenditure. Empirical evidence from Swiss municipalities [J]. Journal of Public Economics, 1978, Vol. 9 (2): 255 – 280.

[247] Powers, E. A. Interpreting logit regressions with interaction terms. an application to the management turnover literature [J]. Journal of Corporate Finance, 2005, Vol. 11 (3): 504 – 522.

[248] Qi, Y., Roth, L., Wald, J. K. Political rights and the cost of debt [J]. Journal of Financial Economics, 2010, Vol. 95 (2): 202 – 226.

[249] Qian, M., Yeung, B. Y. Bank financing and corporate governance [J]. Journal of Corporate Finance, 2015, Vol. (32): 258 – 270.

[250] Qiang, X. The effects of contracting, litigation, regulation, and tax costs on conditional and unconditional conservatism. Cross – sectional evidence at thefirm level [J]. The Accounting Review, 2007, Vol. 82 (3): 759 – 796.

[251] Ramanna, K., Roychowdhury, S. Elections and discretionary accruals. Evidence from 2004 [J]. Journal of Accounting Research, 2010, Vol. 48 (2): 445 – 475.

[252] Sapienza, P. The effects of government ownership on bank lending [J]. Journal of Financial Economics, 2004, Vol. 72 (2): 357 – 384.

[253] Shivdasani, A., Yermack, D., CEO involvement in the selection of new board members. an empirical analysis [J]. The Journal of Finance, 1999, Vol. 54 (5): 1829 – 1853.

[254] Shleifer A., Vishny, R., Politicians and firms [J]. The Quarterly Journal of Economics, 1994, Vol. 109 (4): 995 – 1025.

[255] Taillard, J. P. The disciplinary effects of non – debt liabilities. Evidence from asbestos litigation [J]. Journal of Corporate Finance, 2013, Vol. (23): 267 – 293.

[256] Taylor, L. A. Why are CEOs rarely fired? Evidence from structural estimation [J]. The Journal of Finance, 2010, Vol. 65 (6):

2051 – 2087.

[257] Tiebout, C. M., A pure theory of local expenditures [J]. Journal of Political Economy, 1956, Vol. 64 (5): 416 – 424.

[258] Vaaler, P. M., Schrage, B. N., Block, S. A. Counting the investor vote. political business cycle effects on sovereign bond spreads in developing countries [J]. Journal of international business studies, 2005, Vol. 36 (1): 62 – 88.

[259] Lent, L. V. Discussion of the influence of elections on the accounting choices of governmental entities [J]. Journal of Accounting Research, 2012, Vol. 50 (2): 477 – 494.

[260] You, J., Du, G. Are political connections a blessing or a curse? Evidence from CEO turnover in China, Corporate Governance [J]. An International Review, 2012, Vol. 20 (2): 179 – 194.

[261] Zhao, J. Entrenchment or incentive? CEO employment contracts and acquisition decisions [J]. Journal of Corporate Finance, 2013, Vol. (22): 124 – 152.